KATZEN

KENNEN

UND

VERSTEHEN

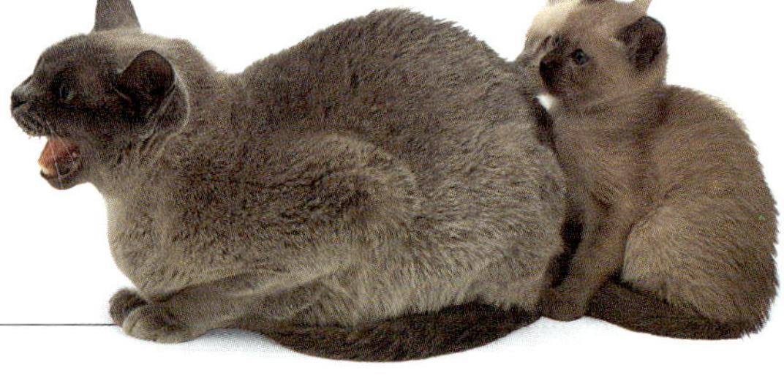

BRUCE FOGLE

KATZEN

KENNEN UND VERSTEHEN

KÖRPERSPRACHE UND VERHALTEN

Übersetzung: Dr. Siegfried Schmitz
Fotos: Jane Burton

blv

Die Deutsche Bibliothek · CIP-Einheitsaufnahme

Ein Titeldatensatz für diese Publikation ist bei
Der Deutschen Bibliothek erhältlich.

Ein Dorling Kindersley Buch
www.dk.com

Dritte Auflage, Sonderausgabe

BLV Verlagsgesellschaft mbH
München Wien Zürich
80797 München

Titel der englischen Originalausgabe:
Know Your Cat. An owner's guide to cat behaviour
Erschienen 1991 bei Dorling Kindersley Limited,
9 Henrietta Street, London WC2E8PS

Übersetzung aus dem Englischen:
Dr. Siegfried Schmitz
Lektorat: Dr. Friedrich Kögel
Einbandgestaltung: Studio Schübel, München

Satz: Typodata, München

Printed in Slovakia · ISBN 3-405-16249-1

Inhalt

Kennen wir unsere Katzen wirklich?

Katzen sind herrliche Geschöpfe. Sie haben ihre Emotionen weit besser im Griff als wir. Sie sind flinker und geschmeidiger als Hunde und alle anderen Haustiere. Sie sind selbständig, selbstbeherrscht, unabhängig, kraftvoll, ruhig und von ungewöhnlich stabiler Konstitution. Gleichwohl schätzen wir sie häufig falsch ein, und zwar deshalb, weil Katzen, im Gegensatz zu Hunden, in vieler Hinsicht so ganz anders sind als wir.

Schutzsuche
Katzen sind zwar tüchtige Beutegreifer, aber sie werden ihrerseits von vielen größeren Tieren verfolgt, und deshalb ist das Verstecken eine natürliche Verhaltensform.

Hunde sind, wie die Menschen, Rudeltiere. Beide brauchen und lieben die Gesellschaft von ihresgleichen. Dabei hat sich eine reich abgestufte Körpersprache entwickelt, die Entgegenkommen oder die Aufforderung zum »Nähertreten« signalisiert: Wir Menschen lächeln und winken; Hunde machen ein freundliches Gesicht und wedeln mit dem Schwanz. Katzen sind jedoch von einem anderen Schlag. Sie entwickelten sich oder befinden sich, genauer gesagt, in der Entwicklung von solitären (einzeln lebenden) Jägern zu geselligeren Wesen. Später als alle anderen Haustiere fanden sie Eingang in die menschliche Gemeinschaft, aber dann haben sie sich plötzlich, erst in unserem Jahrhundert, in überaus beliebte Heimtiere verwandelt. In den USA, wo mehr als 50 Millionen Katzen leben, sind sie heute schon populärer als Hunde.

Körpersprache
Mit Katzenbuckel und gesträubtem Fell drückt diese Jungkatze die Aufforderung »Geh weg!« aus.

Freundschaft schließen
Da diese Katze von Hand aufgezogen wurde, läßt sie sich gerne von ihrem Besitzer streicheln.

Anregendes Spiel
Das Spiel mit Gegenständen fördert die geistige und körperliche Geschicklichkeit der jungen Katze.

Von Natur aus sauber
Dieses Tier benutzt bereitwillig seine Katzentoilette – Hygiene ist der Katze zur zweiten Natur geworden.

Nimmt man die schätzungsweise 30 Millionen in Rußland, die 50 Millionen im übrigen Europa und die ungezählten Millionen in Afrika, in Australasien, im restlichen Amerika und auf den verschiedenen Inseln hinzu, so kommt man auf über 200 Millionen »Haustiger« – die erfolgreichsten Vertreter der Katzensippschaft, die es je gegeben hat.

Sich warm halten
Mit Hilfe ihrer gut entwickelten Wärmerezeptoren an der Nase finden die neugeborenen Kätzchen zusammen, um sich gegenseitig warm zu halten.

Bei den domestizierten, also zu Haustieren gewordenen Katzen lassen sich zwei Gruppen unterscheiden: echte und verwilderte Hauskatzen. Die ersteren leben in unserer Gesellschaft. Sie werden von uns aufgezogen und sind es zufrieden, wenn sie in unserem Haus wohnen und von uns mit Futter und Zuneigung bedacht werden. Ja, für solche Katzen sind Menschen oft bessere Gefährten als andere Katzen.

Mutterinstinkt
Die Katzenmutter versorgt ihre Kinder mit Wärme und Nahrung. Der Vater kümmert sich nicht um die Jungenaufzucht.

Verwilderte Katzen sind Haustiere, die in der freien Natur geboren werden und außerhalb der menschlichen Gesellschaft aufwachsen. Von den echten Hauskatzen unterscheiden sie sich nur in der frühen Jugendentwicklung. Bleibt ihnen in den prägenden ersten sieben Lebenswochen der Kontakt zum Menschen versagt, können sie eine gewisse Menschenscheu nie völlig ablegen. Der frühe Anschluß an den Menschen ist also entscheidend.

Kinderspiele
Anfangs spielen die Wurfgeschwister fröhlich miteinander. Später werden aus dem Spiel ernsthaftere Balgereien.

Die Falbkatze, die nordafrikanische Wildkatze, aus der unsere Hauskatzen hervorgegangen sind, war eine Jägerin. Hauskatzen haben sich bis heute einen starken Jagdtrieb bewahrt. Als jedoch die Falbkatzen beschlossen, sich dem Menschen anzuschließen – und es war ihre freie Entscheidung –, verwandelten sich die einsamen Jäger in »Bettler«. Junge Katzen im Freileben hören auf, miteinander zu spielen, sobald für sie der Nahrungserwerb, die Verteidigung, die Reviermarkierung und die Partnersuche Vorrang gewinnen. Hauskatzen, denen der Mensch alle Alltagssorgen abnimmt, bleiben vielfach auch nach Eintritt der Geschlechtsreife verspielt, denn sie brauchen nie richtig erwachsen zu werden.

Spielverhalten
Diese Kätzchen, die ihr ganzes Leben in der Obhut des Menschen bleiben, werden auch im Erwachsenenalter noch miteinander spielen.

Neue Züchtungen
Diese kleinen Tonkanesinnen sind sehr verschmust. Die Rasse ist noch verhältnismäßig jung.

Heutzutage werden mehr neue Katzenrassen gezüchtet als je zuvor. Jede neue Rasse weist bestimmte körperliche Merkmale auf, die etwa die Länge oder die Färbung des Haarkleids betreffen, aber hinzu kommen auch unterschiedliche Verhaltensmerkmale. Manche Rassen sind lautfreudiger als andere, oder sie sind weniger sauberer oder benehmen sich freundlicher anderen Heimtieren gegenüber. Das Verhalten verändert sich auch mit dem Alter.

Bequeme Lage
Zusammengerollt kann sich die Katze entspannen, denn sie weiß, daß sie vom Menschen die Nahrung und Wärme erhält, die sie braucht.

Lernen von der Mutter
Das Kätzchen lernt die Beutejagd und das Betteln, indem es seiner Mutter zuschaut.

Partnerwahl
Diese Kätzin wird sich vermutlich mit mehreren Katern paaren. Bis vor einiger Zeit hat man die Fortpflanzung dem Zufall überlassen.

Können Katzen eigentlich denken? Selbstverständlich. Um das festzustellen, brauchen Sie nur die Reaktion Ihrer Katze zu beobachten, wenn sie sieht, daß Sie den Katzenkorb für einen Besuch beim Tierarzt hervorholen. Haben Katzen Gefühle? Auch hier heißt die Antwort: ja. Und es ist keine unzulässige Vermenschlichung, wenn wir der Katze Emotionen wie etwa Eifersucht zuschreiben, denn wie wir Menschen besitzen Katzen Gehirnregionen, die für Gefühle zuständig sind. In diesem Buch gehe ich noch einen Schritt weiter, indem ich mich in die Gedanken- und Gefühlswelt der Katzen hineinzuversetzen versuche. Damit will ich unterstreichen, daß sie tatsächlich Empfindungen und Emotionen haben, obwohl mir bewußt ist, daß ich das, was in ihnen vorgeht, vielleicht nicht immer richtig interpretiere.

Verlangsamte Reaktion
Im Alter reagiert die Katze nicht mehr so schnell wie früher, doch dank der verbesserten Gesundheitsfürsorge und Ernährung leben die Katzen heute länger als je zuvor.

Gegenseitige Fellpflege
Obwohl Katzen unabhängige Geschöpfe sind, zeigen sie gern bestimmte soziale Verhaltensweisen.

Auf dem Untersuchungstisch in meiner Tierklinik erzählen mir Katzen jeden Tag etwas. In den meisten Fällen ist es wahrscheinlich für eine Veröffentlichung nicht geeignet, aber das ändert nichts daran, daß Katzen dank ihrer Körpersprache und ihren Verhaltensweisen hervorragende Kommunikatoren sind. Ich hoffe, daß ich mich als ihr guter Dolmetscher erweise.

Ruhiges Wesen
Rassen mit breitem, flachem Gesicht sind vielfach ruhiger und zurückhaltender als die schlanken »orientalischen« Rassen.

Mienenspiel
Ein entspannter Gesichtsausdruck zeigt entweder Zufriedenheit oder Neugier an.

Katzen verstehen

Lautstarke Beschwerde
Mit forderndem Mauzen und aufgerichtetem Schwanz unterstreicht dieses Kätzchen die Dringlichkeit seines Begehrens.

Katzen verfügen über eine große Vielfalt von Möglichkeiten, sich untereinander zu verständigen. Manche Ausdrucksformen sind so subtil, daß wir Menschen nicht feinfühlig genug sind, ihre Bedeutung zu erfassen. Die Körpersprache der Katzen ist zumeist leise, beherrscht und dezent. Ein bloßes Zucken mit dem Schwanz, die kleinste Ohrenbewegung, die unscheinbarste Pupillenerweiterung – solche Botschaften sagen einer anderen Katze soviel wie tausend Worte. Weil die Körpersprache so zurückhaltend ist und weil es uns so schwerfällt, sie zu begreifen, deuten wir sie oft falsch.

Eine merkwürdige Folge unseres Mißverstehens ist, daß wir nicht selten die Katzen für »falsche«, heimtückische Wesen halten. Wir meinen, sie wollten uns mit ihrem Körper anlügen. In Wahrheit sagen sie uns, was sie *wirklich* denken, aber das tun sie so raffiniert, daß wir sie häufig nicht verstehen. Leichter erfassen wir, was sie sagen wollen, wenn sie sich

Drohsignale
Der Kater legt die Ohren an, um sie zu schützen, während er zugleich heftig faucht und mit erweiterten Pupillen den Gegener anstarrt.

Revierpatrouille
Mit konzentrierter Miene und wachsam vorgestreckten Ohren schreitet der Kater täglich sein Revier ab, wobei er Sicht- und Duftmarken setzt.

ihrer Stimme bedienen. Auch das Repertoire ihrer Lautäußerungen, vom Schnurren bis zum wohligen »Gurren«, vom Miauen bis zum Fauchen, Kreischen und Spucken, ist ungewöhnlich umfangreich. Die richtige Deutung der vielfältigen Katzenlaute ist eine wesentliche Voraussetzung für die erfolgversprechende Kommunikation zwischen Katze und Mensch.

Katzen grenzen ihr Revier oder Territorium mit optischen oder geruchlichen Zeichen ab. Sowohl mit ihren Ausscheidungen als auch mit den Duftdrüsen, die an verschiedenen Hautstellen sitzen, markieren sie ihre Umwelt einschließlich des Menschen. Nicht zugescharrte Exkremente oder Kratzspuren an Zaunpfählen und Baumstämmen sind stumme Signale, mit denen der Revierinhaber seinen Besitzanspruch geltend macht. Gärten eignen sich besonders gut für die Anbringung von Duft- und Sichtmarken, die für die Katzen in der Nachbarschaft bestimmt sind.

Mehr Schein als Sein
Durch Aufwölbung des Rückens, Seitwärtsstellen und Aufrichten der Körperhaare versucht dieser Kater größer zu erscheinen, als er tatsächlich ist.

Verräterischer Schwanz
Ein zuckender Schwanz drückt gewöhnlich eine unentschlossene, zwiespältige Stimmung, aber auch sich anbahnenden Zorn oder Ärger aus.

Deuten der Katzenpersönlichkeit

Obwohl alle Katzen bestimmte Verhaltensmuster gemeinsam haben, ist jedes Individuum eine eigenständige Persönlichkeit. Manche Tiere sind freundlich, selbstbewußt und kühn, andere nervös, scheu und furchtsam. Die Persönlichkeitsmerkmale haben ihren Ursprung in den Genen – weiße Kätzinnen mit blauen Augen neigen beispielsweise zur Ängstlichkeit. Doch frühe Erfahrungen im Kindesalter spielen bei der Persönlichkeitsbildung ebenfalls eine sehr wichtige Rolle. Kätzchen, die viel gestreichelt werden und viel spielen, entwickeln sich mit größter Wahrscheinlichkeit zu selbstsicheren Katzen.

Die Kennzeichnung menschlicher Persönlichkeiten läßt sich auch auf unsere Katzen übertragen. Die extrovertierte, aus sich herausgehende Katze ist gesellschaftsfähig, lebhaft, selbstbewußt und unternehmungslustig; der neurotische oder reservierte Typ bleibt scheu, reizbar und ängstlich. Manche Katzen sind »asoziale« Wesen, die dem Menschen keine Zuneigung entgegenbringen.

Ich bin genauso ein Individuum wie du.

Verspieltes Wesen
Daß Kätzchen miteinander schmusen und balgen, wobei sie sich häufig mit den Köpfen berühren, gehört zu ihrer normalen Sozialentwicklung. Wenn sie aufwachsen, ohne die Möglichkeit zu haben, mit anderen Kätzchen zu spielen, können sie nicht das vollständige Repertoire des Katzenverhaltens entfalten.

Extrovertiertes Wesen
Spielerische Streitereien und Neckereien sind bei munteren Kätzchen gang und gäbe. Dieses extrovertierte Verhalten in der Kindheit führt vielfach zu einem ähnlichen Verhalten im späteren Leben, aber es läßt sich nicht immer voraussagen, zu welchen Persönlichkeitstyp sich eine junge Katze entwickeln wird.

Aufrichten auf den Hinterbeinen als Zeichen der Dominanz

Intro- und Extrovertierte

Gründliche Experimente haben gezeigt, daß Kätzchen, denen man gleich nach der Geburt sanft zuredet, zu vertrauensvolleren und selbständigeren Katzen heranwachsen. Solche Katzenkinder werden sogar früher abgestillt. Aktive Kätzchen entwickeln sich zu Energiebündeln, während aus reservierten Kätzchen oft auch zurückhaltende Katzen werden.

Das Schwanzzucken wirkt zaghaft

Das furchtsame Gesicht drückt Mißtrauen aus

Mißtrauische Altkatze

(Oben) Die introvertierte Persönlichkeit entwickelt sich gewöhnlich bei Kätzchen, denen der soziale Kontakt fehlt. Die vorsichtige Katze ist zwar bedächtig, leise und weniger reaktionsfreudig als die extrovertierte, aber sie lernt schneller und ist leichter zu erziehen.

Der Gesichtsausdruck verrät Unbehagen

Dominantes Kätzchen

Dieses extrovertierte, körperlich gewandte Kätzchen führt einen Pfotenkampf mit seinem Wurfgeschwister auf. Das extrovertierte Wesen äußert sich in großer Spielintensität. Dominante Kätzchen wachsen zu dominanten Katzen heran, da dieses Persönlichkeitsmerkmal bereits in den Genen angelegt ist.

Scheue Miene

Diese introvertierte Katze, wachsam, gehemmt und einsam, lugt hinter einem Korb hervor. Der introvertierte Typ, dem es an Selbstvertrauen fehlt und der sich oft ängstlich oder feindselig gegenüber Menschen und Artgenossen verhält, wird schon in den ersten Lebenswochen festgelegt.

Lesen im Katzengesicht

Schau dir mein Gesicht genau an, und du weißt, in welcher Stimmung ich bin.

Uns Menschen erscheint der Gesichtsausdruck einer Katze oft undurchdringlich, aber für andere Katzen kann selbst die kleinste Veränderung des Mienenspiels vielerlei bedeuten. Katzen sind keine geselligen Tiere und haben deshalb kaum Bedarf an kooperativen Signalen. Die Stellung der Ohren gibt Ihnen meist den zuverlässigsten Hinweis auf die Stimmung Ihrer Katze. Im Gegensatz zu Menschen oder Hunden verfügt die Katze über keine Miene oder Gebärde, die wie das freundliche Winken oder Schwanzwedeln als allgemeingültige Begrüßungsgeste wahrgenommen wird. Das Gesicht der Katze behält einfach einen entspannten oder aufmerksamen Ausdruck bei, selbst wenn sie sich aufrichtig freut, Sie zu sehen. Andererseits ist ihre Miene unverkennbar, wenn sie Ihnen »Auf Wiedersehen« sagen will. Ohren, Augen, Schnurrhaare und Mund lassen keinen Zweifel aufkommen, wie die Botschaft gemeint ist.

Ohren und Augen

Mehr als 20 Muskeln steuern die Stellung der Ohren. Ist die Katze entspannt, entgegenkommend oder neugierig, richtet sie die Ohren nach vorne. Angelegte Ohren deuten Aggressivität an; zurückgelegte Ohren drücken entweder Furcht oder Aggression aus – oder beides. Manche Rassen, etwa die Maine-Coon-Katze, besitzen zusätzliche Ohrbüschel, die die Ohrenstellung betonen.
Die Augen sind gleichfalls ein Stimmungsbarometer. Wenn Ihre Katze völlig entspannt ist, hält sie die Augen geschlossen. Wird sie erschreckt, wird sofort die »Kampf-oder-Flucht«-Reaktion ausgelöst. Das dabei ausgeschüttete Adrenalin bewirkt eine Pupillenerweiterung.

Die zufriedene Katze
(Links) Wenn sich die Katze wohl fühlt, döst sie mit halb geschlossenen Augen zufrieden vor sich hin. Dieser Gesichtsausdruck mit nach vorn gerichteten Ohren wird häufig von Schnurren begleitet und deutet vollkommene Entspannung an. Die Katze ist frei von allen Sorgen und Ängsten.

Die entspannte, aufmerksame Katze
(Oben) Dies ist der häufigste Gesichtsausdruck der Katze. Er drückt nicht die Aufforderung »Geh weg« aus und erscheint, wenn die Katze uns begrüßt, beachtet werden will, sich hinlegt, sitzt, steht oder umhergeht. Er signalisiert anderen Katzen keine Gefahr.

Die unentschiedene Katze
Zuckende Ohren zeigen einen zwiespältigen Gefühlszustand an, der sich in jede Richtung entwickeln kann.

Die ängstliche Katze
Sie faltet die Ohren nach unten. In größter Angst legt sie die Ohren ganz flach an.

Die flehmende Katze
Diesen »hochnäsigen« Gesichtsausdruck zeigt ein Kater, wenn er den Harngeruch einer rolligen Kätzin aufnimmt.

Die neugierige Katze
Sie dreht die Ohren nach vorn, um Geräusche besser einzufangen. Die Pupillen sind leicht erweitert.

Die verärgerte Katze
Wenn eine überlegen-aggressive Katze verärgert ist, bleiben die Pupillen eng.

Die aggressive Katze
Der Kater reißt das Maul weit auf, um zu fauchen, zu spucken und seine spitzen Zähne zu zeigen.

Katzensprache

Ihre Katze benutzt ihre Stimme, wenn sie Sie begrüßt, um Futter bittet, Aufmerksamkeit verlangt, nach einem Geschlechtspartner ruft, sich beklagt, droht oder protestiert. Die Stimmung Ihrer Katze – wütend, aufgebracht, ärgerlich oder zufrieden – drückt sich ebenfalls in ihrer Stimme aus. Wenn die Kätzchen 12 Wochen alt sind, beherrschen sie bereits das gesamt Katzenvokabular, das, wie wir wissen, mindestens 16 verschiedene Laute umfaßt. Die Katzen selbst können wahrscheinlich noch sehr viel mehr Laute unterscheiden. Manche Einzeltiere oder Rassen, insbesondere die Siamesen, sind lautfreudiger als andere.

Ich kann dir viel mehr sagen, als du meinst.

Mäulchen offen beim Verlassenseinsruf

Schnurrende Katzenmutter
(Oben) Während die Kätzchen eifrig nuckeln, liegt die Mutter entspannt da und schnurrt rhythmisch vor Behagen. Die Entstehung der Schnurrlaute ist nocht nicht genau bekannt, doch sie werden wahrscheinlich tief in der Brust erzeugt. Da der Kehlkopf dabei nicht benutzt wird, kann die Katze gleichzeitig gurren.

Ängstliches Rufen
Das Kätzchen fiept in seiner Verzweiflung. Dies ist dem Greinen eines Babys vergleichbar, wenn es Hunger hat, friert oder von der Mutter getrennt ist.

Umfangreicher Wortschatz

Bei der Katzensprache können wir drei Lautkategorien unterscheiden: Murmeln, Vokale und Erregungslaute. Zum Murmeln gehören das Schnurren und das sanfte Gurren, das bei der Begrüßung verwendet wird oder Wohlbehagen ausdrückt. Eine Katzenmutter »zwitschert«, um ihre Kinder herbeizurufen. Vokallaute wie das Miauen oder Mauzen werden ausgestoßen, wenn die Katze etwas fordert, sich beklagt oder verwirrt ist. Die Erregungslaute umfassen das Grollen, das Jaulen, das Knurren, das Kreischen vor Schmerz oder Angst, das Fauchen, das Spucken und die Paarungsschreie der Kätzin.

Fauchen und Spucken
Die Katze wölbt ihre Zunge vor Angst oder Wut, um einen heißen Atemstrahl auszustoßen. Das Gefühl und der Geruch, die beim einschüchternden Fauchen und Spucken entstehen, sind ebenso wichtig wie der Laut.

Bei der Erzeugung von Vokallauten werden die Lippen gekräuselt

Das fordernde Mauzen

Diese hungrige Katze bittet mit kläglichem Miauen um Futter. Die Modulation und Intonation der Mauzlaute können eine große Bandbreite von Gefühlen ausdrücken. Manchmal kann man jedoch nur aus der bettelnden Körperhaltung der Katze erschließen, daß sie miaut, denn der Mauzton ist vielleicht so hoch, daß er unseren Hörbereich übersteigt.

Das Maul ist fest geschlossen

Grollendes Knurren

(Oben) Diese gereizte Katze knurrt unwillig. Ihr Protest beginnt mit geschlossenem Maul und einem leisen Grollen. Sie fängt dann an zu fauchen oder zu spucken, wenn sie Schmerzen hat oder einen Eindringling einzuschüchtern versucht. Das Knurren entsteht zwar im Stimmapparat, kann aber mit geschlossenem Maul erzeugt werden, da es sich nicht um einen Vokallaut handelt.

Schnurren vor Wohlbehagen

Die auf dem Kissen behaglich ausgestreckte Katze schnurrt vor Vergnügen. Solche Murmellaute sind in der Regel ein Zeichen dafür, daß sich das Tier glücklich und geborgen fühlt. Paradoxerweise schnurrt eine Katze auch dann, wenn sie aufgeregt ist, um auf diese Weise ihr Unbehagen abzubauen.

Das Schnurren hat seinen Entstehungsort tief in der Brust

Verteidigungsbereitschaft

Eine Katze ist mehr darauf bedacht, ihr privates Territorium zu verteidigen, als dauerhafte Freundschaften mit anderen Katzen zu schließen. Im Vergleich zum Hund ist sie weit weniger gesellig, und sie versteht sich sehr gut darauf, die Aufforderung »Geh weg« zu signalisieren. Wenn Ihre Katze spürt, daß sie eine Situation nicht mehr beherrscht oder bedroht wird, wird regelmäßig die Reaktion »Kampf oder Flucht« ausgelöst, und es kommt zu einer Adrenalinausschüttung. Die Katze wird versuchen, ihre Stellung zu behaupten, und gibt sich angriffsbereit. Ihr Rückenhaar richtet sich auf, sie macht einen Buckel und sträubt die Schwanzhaare, ihre Pupillen weiten sich, und womöglich faucht und spuckt sie dazu. Selbst eine in Panik versetzte Katze bedient sich einer überzeugenden defensiven Körpersprache, obgleich ein solches Verhalten vielfach nur die Angst verschleiert und keine echte Aggressionsbereitschaft ausdrückt.

Imponiergehabe
(Rechts) Diese Katze mit ihrem gekrümmten Rücken und den gesträubten Körper- und Schwanzhaaren hat große Angst, die sie aber durch aggressives Gehabe zu überdecken versucht. Indem sie sich seitlich präsentiert, um einen möglichst großen Eindruck zu machen, scheint sie einen Angriff auf den Gegner zu erwägen.

Waffen einsatzbereit
(Oben) Obwohl diese Katze panische Angst hat, zeigt sie sich angriffsbereit. Unter Fauchen beginnt sie sich herumzuwälzen, wobei sie ihre Zähne und Krallen zur Schau stellt, um sich zu verteidigen.

*Ich hoffe, mein groß-
spuriges Auftreten wird
dich verjagen.*

Auf der Hut
(Rechts) Diese angsterfüllte Katze versucht sich zu behaupten. Durch den Adrenalinausstoß haben sich ihre Pupillen erweitert, und der starre Blick soll den Gegner einschüchtern. Mit »aufgeplustertem« Körper spielt das Tier sehr eindrucksvoll den großen Helden.

Abwehrverhalten
(Rechts) Mit vergrößerten Pupillen, angelegten Ohren, gesträubten Schnurrhaaren und pochendem Schwanz stößt diese Katze Drohlaute aus, bereit zu einer Attacke.

In der Offensive

Die Fähigkeit, überzeugend zu bluffen, ist eine absolute Notwendigkeit für eine Katze, die in die Offensive geht. In der Katzenwelt gibt es keine festgelegte Hackordnung, so daß die Bereitschaft zu offensivem oder defensivem Handeln von den Umständen abhängt, in denen sich Ihre Katze befindet. Eine Katze, die sich in ihrem Revier aufhält oder eine »höhere Position« als ihr Widersacher einnimmt – etwa auf einem Dach –, zeigt durchweg eine offensive Körpersprache. Sie gibt sich selbstbewußt und hat sich völlig in der Gewalt. Da sie sich in dieser Situation wirklich sicher fühlt, erweitern sich die Pupillen nicht, denn die Kampf- oder Fluchtreaktion wird nicht ausgelöst, wie es bei einer verschreckten, defensiven Katze der Fall wäre.

Sicherheit in luftiger Höhe
Solange dieser Kater auf dem Dach hockt, fühlt er sich allen Artgenossen unter ihm überlegen. Der Kopf, der Schnurrbart, die gespitzten Ohren und das glatte Fell strahlen Selbstbewußtsein aus. Zugleich hält er Ausschau nach Eindringlingen. Möglicherweise nutzt er seinen Höhenvorteil für einen Hinterhalt oder Angriff aus.

Natürliche Reaktion
In vorgeschobener Kauerstellung schützt die Katzenmutter ihre Kinder. Die nach vorne gerichteten Ohren und die nicht erweiterten Pupillen verraten, daß die Katze die Situation beherrscht.

Mütterlicher Zorn
Das aggressive Verhalten der Katzenmutter schreckt selbst den mutigsten Kater ab. Sie weicht nicht zurück und bedroht ihn mit offensivem Fauchen und Spucken. Falls er sich nicht zurückzieht, wird sie ihn anspringen.

Gib acht!
Hier bin ich der Herr.

Überlegene Haltung

(Unten) Obwohl dieser Kater vor einer möglichen Auseinandersetzung steht, zeigt er keine Furcht. Mit seinem hochentwickelten Gleichgewichtssinn lehnt er sich selbstbewußt auf dem Pfosten vor. Unheildrohend starrt er zu der Katze auf dem Zaun hinab und warnt sie, auch nur einen Schritt näher zu kommen.

Das glatte Körperfell verrät Selbstbewußtsein

Die vorgestreckten Ohren wirken aggressiv

Der peitschende Schwanz zeigt an, wer hier der Boß ist

Angespannte Gesichtsmuskeln als Zeichen der Angriffsbereitschaft

Kampfgeist

(Oben) Mit leicht angelegten Ohren öffnet die selbstbewußte wütende Katze weit das Maul, um zu fauchen oder zu spucken. Die Zunge ist gefaltet und bildet einen Trichter für den heißen Atemstoß. Die eingezogenen Lippen legen die scharfen Zähne frei, wodurch die Drohlaute noch gefährlicher wirken.

Die gespitzten, zurückgelegten Ohren drücken die Entschlossenheit zum Standhalten aus

Der direkte Blickkontakt verrät Mut

Selbstbehauptungswille

(Rechts) Durch Vorstrecken des Kopfes gibt die Katze zu verstehen, daß sie sich von dem Kater über ihr nicht einschüchtern lassen will. Doch das leicht gesträubte Schwanzhaar ist ein sicheres Zeichen dafür, daß sie ein wenig Angst hat.

Schwanzhaare beginnen sich vor Angst aufzurichten

Die angespannten Vorderpfoten sind einsatzbereit

Reviermarkierung

Der samtpfotige Grundbesitzer zeigt seinen Artgenossen regelmäßig an, daß das Revier oder Territorium ihm gehört. Zu diesem Zweck schreitet er immer wieder sein Wohngebiet ab, und dabei markiert er wichtige Jagd-, Futter- und Ruheplätze. Die Markierungen, die er hinterläßt, sind entweder für die Augen oder für die Nase bestimmt. Wenn sich eine Katze an Ihnen reibt, will sie damit nicht allein ihre Zuneigung zeigen. Sie überträgt dabei ihren Körpergeruch und kennzeichnet Sie als Teil ihres Reviers. Eine Katze, die frei im Garten umherläuft, versieht Zaunpfähle und Bäume mit Kratzspuren. In der Wohnung kratzt sie an Sofas oder Sesseln herum, um Sichtmarken zu setzen. Männliche und weibliche Tiere können Harn spritzen, auch wenn sie kastriert sind, und ein dominanter Kater, der seinen Kot nicht zuscharrt, hinterläßt damit eine kombinierte Sicht- und Duftmarkierung.

Abstecken eines Reviers
(Links) Das Harnspritzen ist ein Markierverhalten und hat mit dem Entleeren der Blase nichts zu tun. Die Katze richtet ihr Hinterteil auf das Objekt, das sie zu markieren gedenkt, und verspritzt mit zitterndem Schwanz den Urin direkt nach hinten.

Die häusliche Katze
(Oben) Die meisten kastrierten und weiblichen Katzen begnügen sich mit einem kleinen Territorium im Haus, doch auch sie markieren es. Diese kastrierte Kätzin besetzt einen Stuhl, den sie energisch verteidigt.

Wangenreiben
(Unten) Die Katze reibt ihr Gesicht am Zaun, um ihn zu markieren. Duftstoffe aus den Wangendrüsen werden dabei auf das Holz übertragen.

Es riecht, als wäre mein Nachbar heute schon hier gewesen. Am besten setze ich meine Markierung drauf.

Kratzpfosten

Mit zurückgelegten Ohren und einem starren, fast entrückten Blick strebt die Katze dem höchsten Punkt entgegen, um dort ihre Krallen einzuschlagen. Holz ist ein beliebter Untergrund, weil es nicht schlüpfrig ist. Die Kratzspuren, die aus einiger Entfernung sichtbar sind, werden gewöhnlich an auffälligen Stellen angebracht.

Patrouillengang

Jeden Tag muß die Katze mit Körperausscheidungen und -sekreten ihr Revier neu markieren. Die Markierungen schrecken andere Katzen nicht ab. Sie verraten vielmehr etwaigen Eindringlingen, daß der Revierinhaber vor kurzem hier vorbeigekommen ist.

Revierbegehung

Die meisten Hauskatzen betrachten die Gartenmauern und Zäune ihres Halters als die Grenzen ihres eigenen Reviers. Da sich Katzen dem Lebensstil des Menschen so gut anpassen können, entstehen aus diesem Arrangement kaum Probleme. Die Reviergröße ist abhängig vom Alter, dem sexuellen Status und der Persönlichkeit der Katze. Weibliche und kastrierte männliche Tiere geben sich im allgemeinen mit einem verhältnismäßig kleinen Grundbesitz zufrieden, während Kater das Bedürfnis haben, ein viel größeres Revier zu besetzen und zu verteidigen – oft ist es zehnmal so groß wie das einer Kätzin. Verwilderte Kater und herrenlose Katzen beanspruchen außerdem ein Jagdrevier, das durch spezielle Grenzlinien und Pfade mit ihrem Wohngebiet verbunden ist.

Es wird Zeit für einen Rundgang durch mein Revier.

Landnahme

Wenn Ihre Katze nicht genügend Bewegungsraum hat, behilft sie sich damit, daß sie einen Nachbargarten annektiert. Mit Hilfe von Kothäufchen an strategisch wichtigen Punkten steckt sie dann die Grenzen ab. Durch Kastration werden die territorialen Ansprüche einer Katze drastisch vermindert, denn das Geschlechtshormon stellt einen der Faktoren dar, die den Drang nach Revierbesitz und -verteidigung auslösen.

Auf der hohen Warte

(Oben) Wenn zwei Katzen einander begegnen, ist ungeachtet der jeweiligen Rangordnung diejenige mit dem höchsten Standort eindeutig im Vorteil. Das ist auch einer der Gründe dafür, daß Katzen so gern auf Dächern umherstreifen. Von einer hohen Warte aus kann die Katze ihr Revier überschauen und Eindringlinge lautstark beschimpfen.

Überwachung von oben

(Rechts) Katzen leben in einer sowohl vertikal als auch horizontal gegliederten Welt. Kater verwenden meist mehr Zeit als Kätzinnen darauf, ihr Revier zu kontrollieren.

Reviertreue

(Links) Da Katzen sich an menschlichen Grenzmarkierungen orientieren, sind sie oft glücklich und zufrieden, wenn sie sich ständig innerhalb eines einzigen Gartengrundstücks aufhalten; doch dieses Areal verteidigen sie nachdrücklich gegen alle eindringenden Artgenossen. Das Streifgebiet Ihrer Katze kann sich allerdings über mehr als ein menschliches »Territorium« erstrecken.

Anpassung an den Menschen

Vielen Katzen genügt es, ihr ganzes Leben zusammen mit uns in der Wohnung zu verbringen, wo sie nicht auf Beutejagd gehen müssen und wo wir das Heimatrevier »schützen«. Doch auch solche Stubenkatzen machen Besitzansprüche geltend und verteidigen ein Lieblingsplätzchen, zum Beispiel einen Sessel.

Das ideale Wohngebiet

Ein Wohnrevier ist optimal, wenn es eine regelmäßige Nahrungsversorgung und geschützte, stets zugängliche Ruheplätze zu bieten hat. Das Katzentürchen befriedigt das Unabhängigkeitsstreben der Katze, die dank dieser Vorrichtung nach Belieben kommen und gehen kann.

Umgang mit Katzen

Dauerkontakt
Tägliche Streicheleinheiten garantieren, daß sich Kätzchen zu erwachsenen Katzen entwickeln, welche die Gesellschaft von Menschen genießen.

Katzen sind ideale Hausgenossen. Sie sind leise, verläßlich, reinlich und unabhängig. Sie können gut zuhören, sind herrliche Schmusetiere und verursachen nur geringe Unterhaltskosten. Die Zuchtpraxis hat bei der Katze nicht zu einer nachhaltigen Veränderung der Anatomie geführt, wie sie bei vielen neueren Hunderassen zu beobachten ist, und deshalb treten bei den Katzen nur vergleichsweise wenige körperliche Beschwerden auf.

Katzen befriedigen ein elementares Bedürfnis des Menschen, andere Lebewesen zu hegen und zu pflegen, und gleichzeitig behagt es ihnen, daß sie ganz und gar auf uns Menschen angewiesen sind. Katzen fühlen sich in diesem Abhängigkeitsverhältnis wohl und erlauben uns, als ihre Ersatzmütter zu fungieren, die für Nahrung, Schutz, Wärme und Geborgenheit sorgen. In vieler Hinsicht besteht zwischen Katzen und Menschen eine vollkommene symbiotische Beziehung.

Bewegungsfreiheit
Ein Katzentürchen bietet Ihrer Katze Sicherheit und gleichzeitig die Möglichkeit, die Außenwelt zu erkunden.

Freundschaft schließen
Diese nicht blutsverwandten Jungkatzen werden lebenslang Freunde bleiben, weil sie schon vor der siebten Lebenswoche miteinander vertraut wurden.

Katzenspielzeug
Die Katze braucht die Reizstimulierung, die vom Spiel mit Gegenständen ausgeht. Dadurch wird sie zur Erkundung der Umwelt und zum Beutefang angeregt.

Eine auf den Menschen zugeschnittene Wohnung stellt allerdings für die Katze eine künstliche Umwelt dar. Wenn wir die Ansprüche einer Katze nicht verstehen, können wir unabsichtlich Verhaltensprobleme heraufbeschwören. Damit sich Katzen erfolgreich anpassen können, müssen wir sie so früh wie möglich mit unserer Umwelt vertraut machen.

Problemvermeidung
Durch Anspritzen mit einer Pflanzensprühflasche können Sie Ihrer Katze schlechte Angewohnheiten verleiden, etwa das Zerkratzen Ihres Mobiliars.

Das Verlangen, ein Territorium abzugrenzen und zu besetzen, ist allen Katzen gemeinsam, ob sie nun in einem großstädtischen Appartement oder draußen auf dem Lande leben. Wo eine Katze nur begrenzten Zugang zur großen, weiten Welt hat, braucht sie Gegenstände, an denen sie ihre Krallen betätigen kann, und einen geeigneten abgeschirmten und richtig plazierten »Toilettenbereich«. Katzen sind zwar sehr anpassungsfähige Geschöpfe, aber wir sollten ihnen ihre Freundschaft dadurch lohnen, daß wir ihnen ein sicheres und behagliches Heim zur Verfügung stellen, das alle Katzenwünsche erfüllt.

Komfortverhalten
Dieses Siamkätzchen neigt zum »Wollsaugen«, einer Form des Komfortverhaltens, die bei Siamesen häufiger auftritt als bei anderen Rassen und wahrscheinlich auf die Auswahlzucht zurückzuführen ist.

Unser bester Freund

Unter dem Kinn lasse ich mich am liebsten kraulen.

Die innere Befriedigung, die wir aus der Sorge für andere Lebewesen ziehen, gehört zur Natur des Menschen. Sie ist auch der Grund dafür, daß es vielen Menschen so große Freude macht, ihre Wohnung mit Katzen zu teilen. Merkwürdigerweise können die Katzen unseren Pflegetrieb sogar noch besser befriedigen als Kinder: Sie werden nämlich nie erwachsen und bleiben immer von uns abhängig. Indem wir sie liebkosen, geben wir unserem Liebebedürfnis nach. Worte, Streicheln und Blickkontakt schaffen eine Intimität, die mit einer Katze zuweilen leichter herzustellen ist als mit einer anderen Person. Katzen bereichern unser Leben durch ihre gleichbleibende Anhänglichkeit, die wir gern als Loyalität deuten.

Die Zunge hinterläßt »besitzanzeigenden« Speichel auf der menschlichen Haut

Das Kätzchen wird durch sanftes Kitzeln stimuliert

Beiderseitige Zufriedenheit
Die sich geborgen fühlende Mutterkatze leckt Ihnen die Hand genauso, wie sie ihre Babys lecken würde. Umgekehrt macht es Ihnen Spaß, die Katze unter dem Kinn zu streicheln. Auch Kinder profitieren von der Zuneigung, die innerhalb der Familie einer Katze entgegengebracht wird.

Intime Beziehung
Der liebevolle Umgang mit Ihrer Katze ist sehr entspannend. Wenn sie auf Ihrer Brust ruht und die Liebkosungen genießt, ist sie ein idealer Zuhörer. Sie sieht in Ihnen einen Muttersatz und zeigt kein Wettbewerbsverhalten, wie es zwischen zwei Katzen üblich ist.

Der direkte Blickkontakt beweist Vertrauen

Einübung der Sozialisation
(Rechts) Kätzchen werden »sozialisiert«, wenn man mit ihnen schmust und spielt. Das Kind lernt dabei, daß Katzen die Liebkosungen nur eine gewisse Zeit lang als genußvoll empfinden.

Sichere Bodenhaftung
(Oben) Die Kätzchen fühlen sich auf dem Boden am sichersten und lassen sich gern liebkosen. Das Streicheln des Kinns kommt dem Bedürfnis des Jungtiers entgegen, seinen Duft irgendwo zu hinterlassen.

Wie in Abrahams Schoß
(Oben) Wenn die Katze auf Ihrem Schoß ruht, ist ihre Erregungsschwelle herabgesetzt. Sie bearbeitet Ihr Bein mit den Pfoten – ein Komfortverhalten – und zeigt ihre Zuneigung, indem sie den Hals nach hinten biegt, um freundlich »Köpfchen zu geben«.

Der beste Freund der Katze

Für eine Katze geben Menschen einen guten Katzenersatz ab. Vielfach unterhalten Katzen innigere und unbeschwertere Beziehungen zu uns als zu ihren Artgenossen. Menschen sind nahezu ideale Sozialpartner, weil sie für die Katze keinerlei Bedrohung darstellen. Wir machen ihr nicht das Futter, das Revier, den sexuellen Rang streitig – Faktoren, die dem guten Verhältnis der Katzen untereinander abträglich sind. Wenn Katzen in unserer Nähe aufwachsen, empfinden sie Menschen als »kätzisch« genug, um sie als Artgenossen zu behandeln, aber zugleich als hinreichend verschieden, so daß sie von ihnen nichts zu befürchten haben. Zwischen einer Katze und einem Menschen kann sich eine dauerhafte freundschaftliche Abhängigkeit entwickeln, wobei die Katze ihren Halter als eine allmächtige, allsorgende Mutter auffaßt.

Du bist vielleicht nicht meine Mutter, aber dennoch pflegst, fütterst und umsorgst du mich.

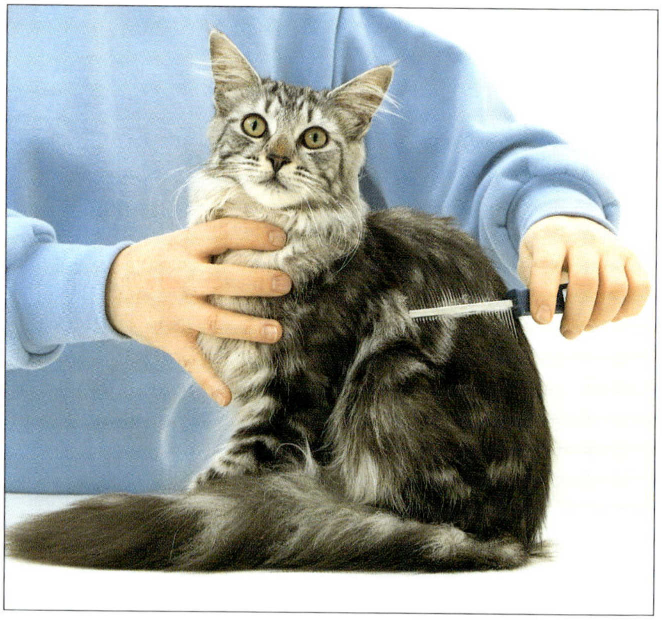

Fellpflege
(Rechts) Langhaarige Rassen brauchen unsere Hilfe, wenn ihr Haarkleid gepflegt erscheinen und vor dem Verfilzen bewahrt werden soll. Diese Maine-Coon-Katze sitzt ganz still, während sie gekämmt wird. Die meisten Katzen genießen die Fellpflege als eine Zuwendung, die sie als Jungtiere in ähnlicher Form erlebten, als ihr Fell von der Mutter beleckt wurde.

Geruch von Futter aktiviert die Nase

Essenszeit
Die Mutterkatze richtet sich auf, um ihr Futter zu verlangen und es neugierig zu beschnuppern. Dieses Bettelverhalten zeigen auch die Kätzchen, wenn die Mutter mit einer Maus zu ihrem Wurf zurückkehrt.

Elterliche Gewalt

Katzen sind von Natur aus träge und wählen stets den Weg des geringsten Widerstands. Wenn wir unserer Hauskatze Unterkunft und Verpflegung bieten, entsteht ein Abhängigkeitsverhältnis, vergleichbar der totalen Abhängigkeit des Katzenkindes von seiner Mutter. Eine ausgewachsene freilebende Katze ist mit Revier-, Wettbewerbs- und Fortpflanzungsproblemen vollauf beschäftigt. Unsere Hauskatze kennt derlei Sorgen nicht und bewahrt sich deshalb eine gewisse Jugendlichkeit, denn sie erwartet von uns, daß wir wie eine Mutter für sie sorgen. Durch gezielte Zucht ist diese Abhängigkeit noch verstärkt worden. Langhaarkatzen könnten beispielsweise ohne unsere Pflegemaßnahmen nicht überleben. Die Züchter haben auch das Temperament gezielt verändert. So ist etwa die Ragdoll-Katze entstanden, die so schlaff und anschmiegsam wie eine »Stoffpuppe« (Übersetzung des Rassenamens) ist.

Bei sicherem Halt entspannt sich die Katze

Hinterteil abstützen

Gesund bleiben

(Oben) Katzen sind, was ihre Gesundheit angeht, zum Teil auf uns Menschen angewiesen, und dazu gehört auch ein gelegentlicher Besuch beim Tierarzt. Gewöhnen Sie Ihre Katze schon früh an die Beförderung im Katzenkorb. Halten Sie das Tier stets gut fest, wenn Sie es in den Korb setzen.

Die Katze beriecht die Hand und reibt zutraulich ihren Kopf daran

Die abhängige Katze

(Links) Die Katze richtet sich auf und beschnuppert zum Gruß die Hand. Sie versucht möglichst nahe heranzukommen, um Köpfchen geben zu können – die angestammte Begrüßungsform der Katze. Unter der Einwirkung des Menschen ist die Abhängigkeit des Kätzchens von der Mutter zu einem Dauerzustand geworden. Das Ergebnis ist eine Hauskatze, die von sich aus die Gesellschaft des Menschen sucht, auf den sie in allen wesentlichen Dingen angewiesen ist.

Der feste Stand auf den Hinterbeinen ermöglicht das volle Aufrichten des Körpers

Enger Kontakt

Eine Katze ist nicht instinktiv gesellig und hat etwas gegen falsche Behandlung. Sie ist ein anmutiges, würdevolles, sauberes, unabhängiges und sensibles Geschöpf, das respektiert werden will, auch wenn wir der Versuchung, es anzufassen, oft nicht widerstehen können. Eine Katze, die es nicht gewohnt ist, in die Hand genommen zu werden, wird dies nur dann zulassen, wenn sie sich entspannt, behaglich und geborgen fühlt. Wenn sie in ihrer Kindheit nicht gestreichelt worden ist, wird sie sich dem Zugriff der Menschenhand energisch widersetzen.

Das Kätzchen wirkt entspannt, weil es richtig gehalten wird

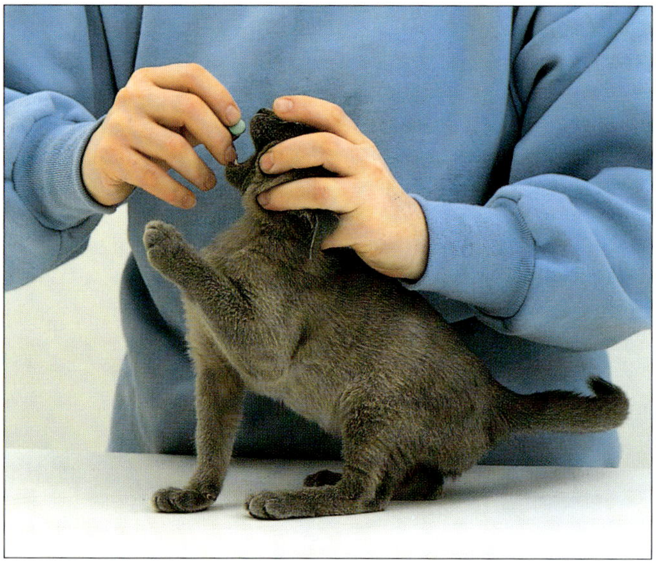

Wenn du mich richtig anfaßt, bleibe ich ganz locker.

Der Katze gefällt es sichtlich, wenn sie hinter den Ohren kräftig gekrault wird

Richtiges Hochheben

(Oben) Unterstützen Sie das Hinterteil des Kätzchens mit einer Hand, während Sie den Vorderkörper mit der anderen Hand sanft umfassen. Heben Sie ein Katzenkind niemals am Nackenfell hoch, wie es seine Mutter macht, denn dabei kann sein zerbrechlicher Körper Schaden nehmen. Ein Kätzchen muß häufig in die Hand genommen werden, denn dann wird es sich auch im späteren Leben gern streicheln lassen.

Köpfchengeben

(Links) Indem die Katze den Kopf an Ihrer Hand reibt, verteilt sie ihren Markierungsgeruch. Da sie das Fell hinter den Ohren nicht selber mit der Zunge säubern kann, läßt sie sich dort gern liebkosen. Das Streicheln ähnelt dem Belecken durch die Mutter in der Kindheit.

Pillenschlucken

(Oben) Die Katze wird Sie zu kratzen oder beißen versuchen, wenn Sie ihr ein Medikament eingeben. Halten Sie den Kopf fest mit einer Hand und biegen Sie ihn nach hinten, damit sie den Mund öffnet. Lassen Sie die Pillen hineinfallen und drücken Sie das Maul zu. Reiben Sie die Kehle, um die Katze zum Abschlucken der Pille zu animieren.

Streicheln der Katze

Die Katze läßt sich gerne streicheln, denn sie empfindet das als ähnlich angenehm wie das Fellputzen. Diese Form des Körperkontakts gehört allerdings nicht zum natürlichen Verhalten der ausgewachsenen Katze und muß deswegen schon in der Sozialisierungsphase des Kätzchens eingeübt werden.

Streicheleinheiten

Kätzchen sollten ab der zweiten Lebenswoche jeden Tag mindestens 40 Minuten lang beschmust werden. Je mehr man sich mit ihnen beschäftigt, solange sie klein sind, desto lieber lassen sie sich später anfassen und streicheln. Ständige Liebkosungen können freilich gemischte Gefühle hervorrufen. Katzen zeigen ihre ambivalente Stimmung, indem sie Sie plötzlich in die Hand beißen und dann wiederkommen, um mehr Zuwendung zu fordern. Ihre Katze reagiert am ehesten aggressiv, wenn Sie ihr den Bauch reiben, weil dies die ungeschützteste Körperpartie ist, die nie in die gegenseitige Fellpflege einbezogen wird.

Stützende Hände
Wenn Sie die Katze hochheben, sollten Sie mit einer Hand die Brust hinter den Vorderbeinen und mit der andern das Hinterteil umfassen. So wird das gesamte Körpergewicht abgestützt und eine unnötige Belastung der Beine und des Brustkorbs vermieden.

Die Übergabe
(Rechts) Der schlaffe Schwanz und die locker herabhängenden Pfoten zeigen an, daß die Katze bei der Übergabe an das Mädchen entspannt ist. Das Kind muß das Tier fest mit beiden Händen halten, bevor Sie loslassen.

Hält man die junge Katze richtig, bleibt sie entspannt

Bequeme Sitzposition
In den Armen gewiegt zu werden ist für die Katze ein unnatürlicher und ungewohnter Zustand. Sie bevorzugt die aufrechte Haltung und duldet die Rückenlage nur, weil sie sich bei dem Mädchen ganz sicher und geborgen fühlt.

Die eingezogenen Krallen bedeuten, daß die Katze nicht beunruhigt ist

Der schlaffe Schwanz zeugt von Wohlbehagen

Der abgewinkelte Arm bietet Schutz

Auslauf ins Freie

Obwohl die Katze so ausgiebig schläft wie kaum ein anderes Tier, muß sie sich regelmäßig betätigen. Zu ihren liebsten Freizeitbeschäftigungen gehört der Rundgang durch das Revier. Sie frönt dabei ihrem Jagdtrieb und hinterläßt Marken, um ihren Herrschaftsbereich abzustecken. Wird ihr der Auslauf verweigert, hockt sie oft stundenlang am Fenster und beobachtet, was draußen vorgeht. Wenn sie etwas erblickt, das sie aufregt oder bedroht, zieht sie sich vielleicht auf ein Möbelstück zurück, richtet den Schwanz auf und zittert. Durch Harnspritzen in der Wohnung zeigt sie ihre Frustration an, wenn sie sich einmal eingesperrt fühlt. Dieses Verhaltensproblem tritt fast immer auf, wenn man ihr zu wenig Auslauf gewährt oder wenn das Haus von zu vielen Katzen bevölkert ist.

Leben in der Wohnung
(Oben) Diese Wohnungskatze beobachtet gespannt die Außenwelt durch das Fenster. Sobald sie einen Vogel erspäht, beginnt sie womöglich mit den Zähnen zu klappern und mit dem Schwanz zu peitschen. Sie kann unleidlich werden, wenn ihr natürlicher Tätigkeitsdrang zu sehr eingeschränkt wird.

Die Benutzung des Katzenklos

Wenn Sie Ihrer Katze den Auslauf verwehren, müssen Sie ihr an einem abgeschiedenen Platz ein Katzenklo zur Verfügung stellen. Da das Zuscharren der Exkremente eine natürliche Verhaltensweise der Katze ist, ist ihr die Toilettenbenutzung im Prinzip bereits vertraut. Sie gewöhnt sich an den Geruch und die mit den Füßen ertastete Beschaffenheit der Streu und weigert sich unter Umständen, aufs Klo zu gehen, wenn Sie ein anderes Streumaterial verwenden.

Gespitzte Ohren verraten Neugier

Die empfindlichen Tasthaare »messen« die Durchlaßbreite

Der Weg nach draußen

In der Morgen- und Abenddämmerung ist Ihre Katze am aktivsten. Oft will sie schon früh am Morgen ausgehen, wenn Sie noch schlafen. Ein Katzentürchen verschafft ihr Unabhängigkeit. Doch am Anfang müssen Sie ihr vielleicht zeigen, wie es benutzt wird. Versuchen Sie sie mit einem Leckerbissen hinauszulocken. Es ist jedoch ratsam, auf die Nachbarkatzen zu achten, denn sie könnten Ihrem Liebling ins Haus folgen und dieses in ihr Revier mit einbeziehen.

Es wird Zeit, daß ich mich ein bißchen betätige und umsehe.

Die gestreckten Beine greifen selbstsicher aus

Zielstrebiger Gang

(Links) Wenn Ihre Katze auf der Gartenmauer entlangschreitet, markiert sie ihr Revier. Vielfach begnügt sie sich damit, die vom Menschen geschaffenen Grenzen, etwa Mauern und Zäune, als ihre eigenen zu betrachten. Wenn das Wetter sie nicht abhält, macht sie jeden Tag einen Patrouillengang, um ihre Duftmarken zu hinterlassen. Das hält sie in Form, schult ihren Gleichgewichtssinn und regt ihren Geist an.

Beschleichen der Beute

(Oben) Dieser Jäger hat es auf ein Insekt abgesehen. Die Ohren wachsam nach vorne gerichtet, setzt er zum Sprung an. Eine Wohnungskatze sollte stets zum Spielen angehalten werden, damit sie fit bleibt. Ihrem Wohlbefinden kommt es zugute, wenn Sie ihr möglichst oft Gelegenheit geben, ihre Muskeln zu trainieren und ihr angestammtes Beutefangverhalten – Lauern, Anschleichen, Sprung – praktisch zu erproben.

Umgängliches Wesen

Eine Katze kann sich mit verschiedenerlei anderen Tieren anfreunden, auch mit Vertretern der eigenen Art. Bringt man ein Kätzchen von zwei bis sieben Wochen mit einer anderen Katze oder einem artfremden Tier zusammen, kann daraus eine dauerhafte Freundschaft entstehen. Wir hängen nach wie vor dem Klischee vom katzenjagenden Hund an, doch in Wirklichkeit lassen sich viele Hunde durch Katzen einschüchtern. Wenn Sie bei der ersten Begegnung zwischen dem Kätzchen und dem potentiellen Gefährten behutsam zu Werke gehen und darauf achten, daß das Territorium eines bereits vorhandenen Heimtiers respektiert wird, wird die junge Katze sich im späteren Leben über die Gesellschaft freuen. Die sich entwickelnde Freundschaft ist eine einzigartige Verhaltensanpassung der Hauskatze, nicht aber der wilden oder verwilderten Katze.

Wer mag das sein – Freund oder Feind?

Die aufgeregte Miene verrät Unsicherheit

Erste Begegnungen
(Oben) Beim ersten Zusammentreffen mit dem Hund erschrickt das Kätzchen. Sein Fell sträubt sich, und es nimmt eine Abwehrhaltung ein. Sofern die Begegnung ohne Provokation verläuft, zeigt sich die junge Katze beim nächsten Wiedersehen meist schon weniger ängstlich.

Das gut sozialisierte Kätzchen
Das mit dem Haushund vertraute Kätzchen traf in seiner Jugend häufig mit Hunden zusammen und verlor so allmählich seine Angst vor großen Tieren. Wenn Sie möchten, daß Ihre Hausgenossen Freunde werden, müssen Sie dafür sorgen, daß das Katzenkind im Alter von zwei bis sieben Wochen Bekanntschaft mit Hunden schließt.

Der von Natur aus buschige Schwanz ist schlaff und entspannt

Einschüchterung des Fremdlings

Die dominante ausgewachsene Katze verteidigt ihr Heim gegen das neue Kätzchen. Fauchend und spuckend hebt sie die Pfote, um dem Kleinen eine zu verpassen. Der weicht nervös zurück, weil er noch zu unerfahren ist, den Vorgang zu verstehen. Seine stumme Raktion wirkt verwirrt.

Freundschaft schließen

(Links) Diesen Kätzchen macht es Spaß, mit der Wolle und miteinander zu spielen. Da die Phase, in der Kätzchen Bindungen eingehen können, früh einsetzt und schnell vorbei ist, sollten Sie am besten mehrere Kätzchen gleichzeitig erwerben, wenn Sie eine kätzische Großfamilie planen.

Spielen mit Menschen

(Unten) Diese Kätzchen, die an Schuhbändern herumkauen und zerren, stellen fest, daß Menschen sehr gute Spielkameraden abgeben. Sie haben keine Angst, doch das Tier, das auf der Seite liegt und den Schwanz aufrichtet, zeigt Ansätze des Abwehrverhaltens: Es packt mit den Vorderpfoten zu und kickt mit den Hinterbeinen.

Lernen, das Revier zu teilen

Zunächst ist ein etablierter Hausgenosse vielleicht nicht bereit, sein Territorium mit einem neuen Kätzchen zu teilen. Damit die Zusammenführung möglichst reibungslos verläuft, läßt man den Hund oder die Katze den schlafenden Neuankömmling beschnuppern. Wenn Sie ein Kätzchen von einem Züchter erwerben, sollten Sie sich erkundigen, ob es bereits soziale Kontakte mit anderen Tieren gehabt hat. Nach der siebten Lebenswoche kann die Jungkatze keine sozialen Bindungen mehr herstellen; deshalb fällt es ihr sehr schwer, danach noch Freundschaft mit andern Heimtieren zu schließen. Bedenken Sie, daß einem Kätzchen, das vor Ihrem Hund keine Angst hat, von fremden Hunden Gefahr droht.

Training für Geist und Körper

Wenn die Energie Ihrer Katze nicht in die richtigen Bahnen gelenkt wird, kann sie Unheil anrichten. Schließlich braucht sich Ihr Hausgenosse keinerlei Sorgen um die nächste Mahlzeit zu machen, und so braucht er sich auch nie ernsthaft der Jagd zu widmen. Die frustrierte Katze, die ihre überschüssige Energie loswerden muß, wird also Ihre Zimmerpflanzen zerbeißen, die Möbel zerkratzen, die Teppiche zerreißen und an den Vorhängen herumklettern. Vielleicht wird sie sogar eine halbe Stunde lang verrückt spielen und wie besessen im Zimmer hin und her oder an der Wand entlang rennen – ein seltsames Benehmen bei einer Katze, die normalerweise träge ist! Manche Katzen gewöhnen sich auch die lästige Unsitte des »Wollsaugens« an – gewöhnlich ein Zeichen dafür, daß sie zu früh entwöhnt wurden. Um solchen Ärger zu vermeiden, müssen Sie dafür sorgen, daß Ihre Katze stets geistige Anregungen findet und sich ausgiebig körperlich betätigen kann.

Gib acht –
ich sinne auf Unheil!

Scharfe Krallen zerkratzen die Rinde

Knabberprobleme
(Links) Daß Katzen nur dann Gras fressen, wenn sie krank sind, ist eine Legende. Viele Katzen knabbern, obwohl sie Fleischfresser sind, sehr häufig Gras. In der Wohnung nimmt sich diese Katze ersatzweise eine Zimmerpflanze vor. Stellen Sie sicher, daß es in Ihrem Haus keine giftigen Pflanzen gibt.

Wollsaugen
(Oben) Wenn Ihre Kätzchen an Wollsachen oder gar an Ihnen saugen, kann es sein, daß sie von ihrer Mutter zu früh entwöhnt wurden. Siamesen beginnen manchmal zu saugen, wenn sie etwa sechs Monate alt sind, aber dabei handelt es sich in der Regel um eine genetisch bedingte Verhaltensstörung.

Anregungen für die Katze

Spielzeug bietet den Katzen eine gute Möglichkeit, sich auszutoben. Es muß nicht unbedingt eine Beutekopie sein, soll aber zu Aktivitäten wie Kratzen, Jagen und Schlagen anregen. Spielsachen, die sich unberechenbar bewegen, sind besonders beliebt, weil sie die Neugier der Katze erregen.

Kratzpfosten

(Links) Eine Katze muß kratzen können. Nach dem Aufwachen hat sie sehr oft das Bedürfnis, ihre Krallen irgendwo einzuschlagen, so wie wir uns dann gerne strecken. Ein Kratzbaum oder -brett verhindert, daß die Möbel beschädigt werden.

Die Krallen werden beim Kratzen des Seils gewetzt

Die Katze versucht den Ball mit der Pfote zu erwischen

Auf dem Teppichbelag finden die Krallen festen Halt

Die Pfoten schlagen zu wie beim Vogelfang

Gute Balance durch känguruhähnliche Beinstellung

Bewegliches Ziel

(Oben) Auf den Hinterbeinen stehend und mit abgestrecktem Schwanz das Gleichgewicht haltend, untersucht die Katze das Spielgerät, und zwar durch Betasten, Beschnuppern, Schmecken und Schubsen. Mit dem hin und her schwingenden Objekt kann sich die Katze stundenlang amüsieren.

Katzenerziehung

Katzen lernen unaufhörlich hinzu, auch wenn wir es nur selten wahrnehmen. Wenn Ihre Katze beispielsweise den Mülleimer plündert, lernt sie, daß sich so etwas lohnt. Belohnungen in Form von Leckerbissen oder Liebkosungen bleiben allerdings ohne große Wirkung, wenn es darum geht, eine Katze von schlechten Angewohnheiten abzubringen. Mit dem Überraschungseffekt, der freilich nie mit Schmerzen verbunden sein darf, kommt man den meisten Katzenuntugenden am besten bei.

Bohnensäckchen
Zielen Sie mit einem Bohnensäckchen in die Nähe der Katze, wenn sie zum Beispiel die Vorhänge zu erklettern versucht.

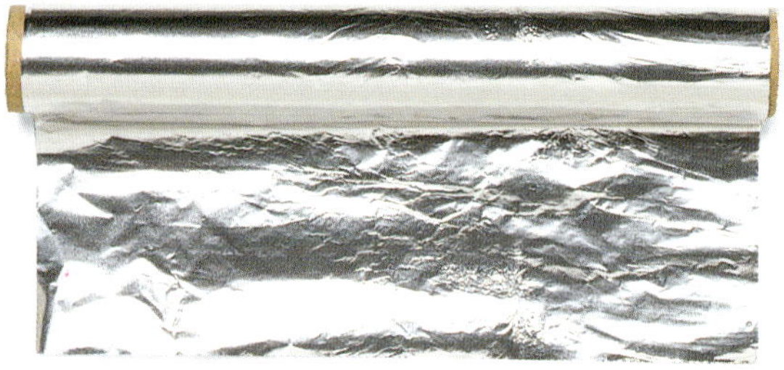

Alufolie
(Oben) Wenn sich Ihre Katze außerhalb des Katzenklos erleichtert, bedecken sie die Stelle mit Alufolie. Katzenpfoten behagt die Folie ganz und gar nicht, und so lernt das Tier, lieber seine Toilette zu benutzen.

Mottenkugeln
(Oben) Um Ihrer Katze das Ausgraben der Zimmerpflanzen zu verleiden, sollten Sie auf der Blumenerde Mottenkugeln auslegen, deren Geruch allen Katzen zuwider ist. Achten Sie darauf, daß Kinder von den Mottenkugeln ferngehalten werden.

Sprühgerät
Ein Wasserstrahl ist jeder Katze unangenehm. Spritzen Sie Ihre Katze mit einer Pflanzensprühflasche oder einer Wasserpistole an, wenn sie den Teppich oder die Gardine mit den Krallen bearbeiten will.

Lärminstrument
Auch damit können sie einen Überraschungseffekt erzielen. Der plötzliche Krach schreckt die Katze ab.

Stellen Sie die Spritzdüse auf einen scharfen Strahl ein

Strafmaßnahme
Wenn Sie sehen, daß sich Ihre Katze danebenbenimmt, und eine Sprühflasche zur Hand haben, »beschießen« Sie sie einfach mit Wasser, sobald sie ihre Krallen in die Pflanze schlagen will. Schreien Sie nicht, denn sonst könnte die Katze die Strafe mit Ihnen in Verbindung bringen.

Ein leichter »Nasenstüber« weist die Katze zurecht

Unmittelbare Bestrafung

(Rechts) Wenn Ihre Katze Sie als Kratzpfosten mißbraucht oder an Ihrer Kleidung saugt, geben Sie ihr einen leichten Schlag auf die Nase, der jedoch nie schmerzhaft sein darf. Dominante Katzen verpassen Artgenossen, die aus der Reihe tanzen, ebenfalls einen solchen Klaps. Bestrafen Sie Ihre Katze auf diese Weise nur dann, wenn sie sich unmittelbar Ihnen gegenüber schlecht benommen hat.

Oje! Ich wußte doch, daß ich damit nicht durchkomme!

Wirksame Abschreckung

(Links) Oft kommt die Katze auf dumme Gedanken, wenn niemand zu Hause ist. Für diesen Fall sollten Sie »Fallen« aufstellen, die eine sofortige Disziplinierung bewirken. Bestücken Sie beispielsweise die Arbeitsfläche in der Küche mit Töpfen und Pfannen, die laut scheppernd umkippen, wenn die Katze zu ihnen hochspringt, oder stellen Sie unter dem Papierbogen, auf dem eine verlockende Pflanze steht, Mausefallen auf.

Auslösen der Falle

(Unten) Um an die Blätter heranzukommen, muß die Katze das untergelegte Papier betreten. Der dabei entstehende Druck genügt, um die Feder der Mausefalle auszulösen.

Durch die Falle »explodiert« das Papier in der Luft, doch die Katze bleibt unverletzt

Was die Katze braucht

Die Hauskatze ist der Abkömmling eines sehr anpassungsfähigen afrikanischen Raubtiers, der Geschmack am Zusammenleben mit uns Menschen gefunden hat. Einige ihrer naürlichen Verhaltensweisen, etwa die Reviermarkierung oder die Defäkation, empfinden wir vielleicht als etwas unfein, doch bei richtiger Haltung und Erziehung lassen sich die meisten Katzen zu besseren Manieren bekehren. Bereitwillig lernen sie, das Katzenklo und den Kratzbaum zu benutzen und die von Menschenhand bereitete Nahrung zu verspeisen.

EINRICHTUNG DES KLOS

Einstreu

Plastikfolie

Schaufel

EINSTREUMATERIAL

Bleicherde

Kalk

Gepreßte Sägespäne

Die richtige Einstreu

(Links) Legen Sie die Schale mit einer Plastiktüte aus, bevor Sie die Streu einfüllen. Bei der Einstreu kommt es vor allem darauf an, wie sie sich unter den Pfoten der Katze anfühlt. Oft entwickelt Ihr Hausgenosse eine Vorliebe für eine bestimmte Materialbeschaffenheit und weigert sich, einen anderen Einstreutyp zu akzeptieren.

Tor zur Freiheit

(Oben) der angeborene Kletter- und Wandertrieb der Katzen ist so stark ausgeprägt, daß die meisten sich im Freien tummeln möchten. Sie können durch enge Öffnungen kriechen und lernen deshalb mühelos, sich durch ein Katzentürchen zu zwängen, sobald sie begriffen haben, daß diese Schleuse nach draußen führt.

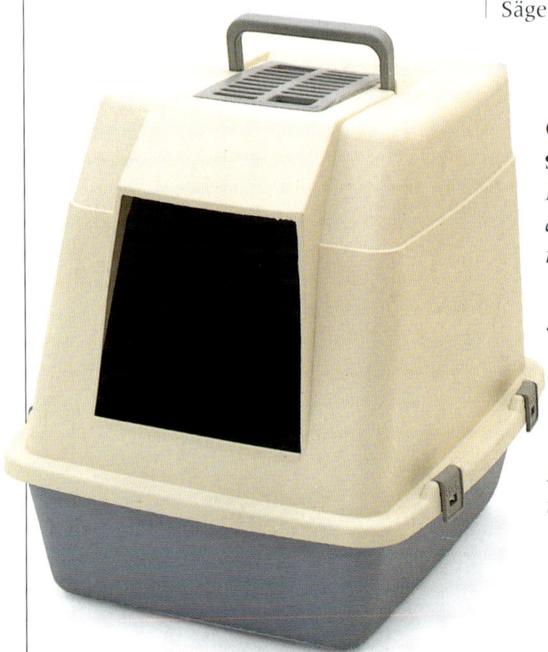

Geborgenheit schaffen

Katzen lassen sich leicht an ihr Klo gewöhnen und bevorzugen für die Defäkation meist ein geschütztes »stilles Örtchen«. Eine überdachte Toilette entspricht ihrem Wunsch nach Geborgenheit. Manche Klos sind mit einem Geruchsfilter ausgestattet.

Knusprige Trockenkost

Feuchtes Dosenfutter

Katzennahrung

Obwohl weiches Futter naturgemäßer zu sein scheint, ziehen viele Katzen knusprige Happen vor. Der Verzehr der Knochen ihrer Nagetierbeute ist normal, und das Herumkauen auf Trockenfutterbrocken entspricht offenbar dieser Ernährungsgewohnheit. Oft scheinen die Katzen ihren Wasserbedarf mit der aufgenommenen Nahrung decken zu können, aber trotzdem soll man der Katze stets ein Schälchen mit frischem Wasser hinstellen.

Katzenlohn

Das angestrebte Ziel der Katzenerziehung besteht darin, natürliche Verhaltensweisen in Gewohnheiten umzuformen, die der häuslichen Umgebung besser angepaßt sind. Auf Lob und Tadel reagieren Katzen weit weniger als Hunde. Liebevolle Katzenhaltung bedeutet, daß Sie Ihren Hausgenossen mit allem Lebensnotwendigen versorgen – das ist ihm Lohn genug.

Transportkorb

(Oben) Die Katze lernt unter Umständen schnell, den Korb mit dem Gang zum Tierarzt oder zum Katzenheim zu assoziieren. Wenn sie den Korb daheim als geschützten warmen Schlafplatz benutzt, gewöhnt sie sich daran, ihn mit angenehmen Erfahrungen in Verbindung zu bringen.

Genußvolle Betätigung

(Rechts) Spielsachen regen Geist und Körper an. Leichte Bälle werden mit den Pfoten traktiert, während die Mausattrappe das Beutefangverhalten schult. Aufwendigere Spielgeräte sprechen gleichzeitig den Gehör-, Tast- und Gesichtssinn an.

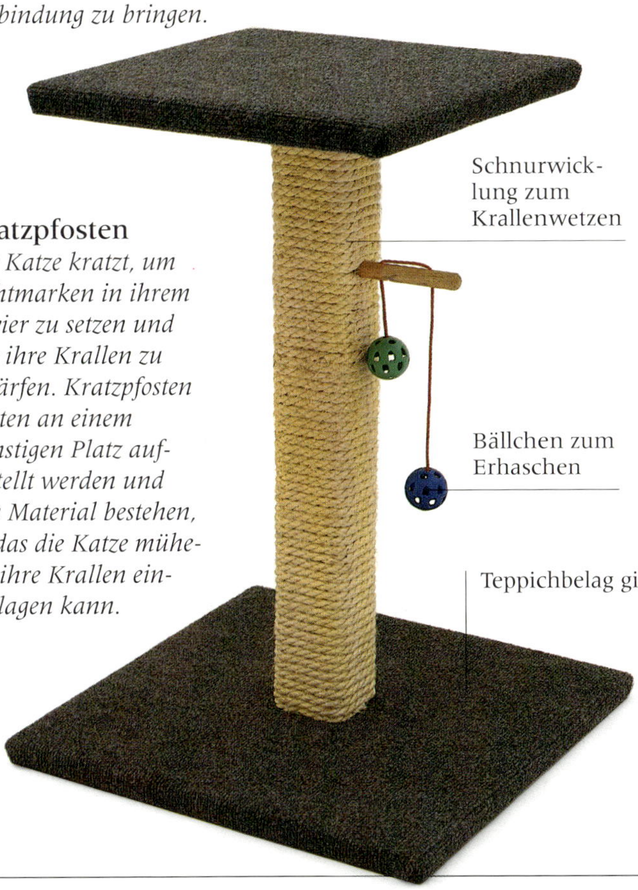

Kratzpfosten

Die Katze kratzt, um Sichtmarken in ihrem Revier zu setzen und um ihre Krallen zu schärfen. Kratzpfosten sollten an einem günstigen Platz aufgestellt werden und aus Material bestehen, in das die Katze mühelos ihre Krallen einschlagen kann.

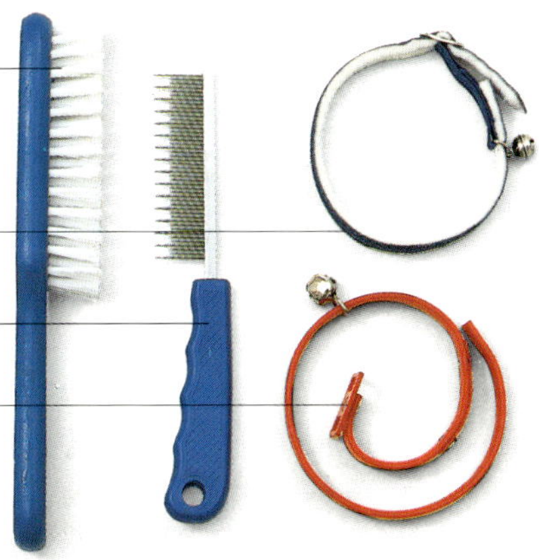

Bürsten, Kämme und Halsbänder

Hauskatzen, zumal die langhaarigen, brauchen neben der Körperpflege, die sie sich selber und gegenseitig angedeihen lassen, noch zusätzliche Pflege von Menschenhand. Ist das Fell Ihrer Katze sehr stark verschmutzt, ist ein Naß- oder Trockenbad angebracht. Lassen Sie sich auch von Ihrem Tierarzt zeigen, wie die Krallen beschnitten werden.

Die Gründung einer Familie

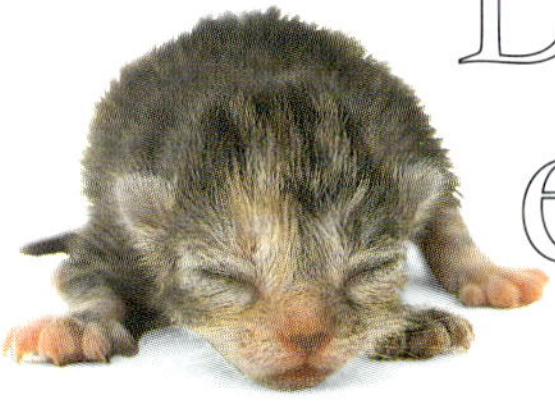

Totale Abhängigkeit
Das trockengeleckte Kätzchen ist in jeder Beziehung auf seine Mutter angewiesen.

Gelassenheit
Der vergrößerte Unterleib zeigt an, daß diese entspannt dasitzende Katze sehr bald ihre Kinder zur Welt bringen wird.

Heitere Gelassenheit und würdevolle Ruhe strahlt die Mutterkatze vor, während und nach der Geburt ihrer Jungen aus. Von dem Augenblick an, da man ihr wenige Wochen nach der Paarung die Trächtigkeit ansieht, bis zum Abstillen der etwa acht Wochen alten Kätzchen werden ihr Temperament und Verhalten nachhaltig durch das Schwangerschaftshormon Progesteron beeinflußt. Sie wird ruhiger, ist weniger kampflustig, wirkt entspannter und zeigt oft eine größere Anhänglichkeit. In der Zeit kurz vor der Geburt und in den Wochen danach entfernt sie sich nicht mehr weit vom Haus, sondern hält sich meist in unmittelbarer Nähe des Wurflagers auf.

Das Progesteron dämpft ihre Ängste und gibt ihr das Gefühl größerer Sicherheit. Doch zugleich läßt es das typische mütterliche Aggressionsverhalten entstehen. Wenn sich eine säugende Katzenmutter in Gefahr wähnt, droht sie dem Ein-

Ringen um Atem
Die Geburt ist ein anstrengender Vorgang. Zwischen den Austreibungsphasen japst diese Katzenmutter vor Erschöpfung.

Rasche Entwicklung
Trotz der schnellen Entwicklung der Sinnesorgane braucht das Katzenbaby die Mutter zur Stimulierung seiner Körperfunktionen.

Zusammenkuscheln
Um sich warm zu halten, kuscheln sich die Kätzchen aneinander, während die Mutter zwecks Nahrungssuche unterwegs ist.

Erste Atemzüge
Mit ihrer rauhen Zunge leckt die Mutter das Neugeborene trocken und regt seine Atmung an.

dringling zuerst und geht dann zum Angriff über. Im Unterschied zu anderen Angriffshandlungen ist die mütterliche Aggressivität kein Bluff. Die Attacke wird so lange fortgeführt, bis der Störenfried den Umkreis der Kinderstube verlassen hat. Selbst der mächtigste Kater zeigt einen gesunden Respekt vor der Wildheit eines Muttertiers, das seinen Nachwuchs schützt.

Die mütterliche Fürsorge spielt im Katzenleben eine überragende Rolle. Ja, man könnte die Katzen sogar als eine durch und durch matriarchalische Spezies bezeichnen. Das Überleben der Kätzchen hängt allein von den weiblichen Tieren ab. Zwar ist die leibliche Mutter primär für die Jungenaufzucht verantwortlich, aber in ihrer Abwesenheit werden die Kätzchen auch von anderen Weibchen genährt und beschützt. Weder der Vater noch andere Kater kümmern sich um die Betreuung der Neugeborenen.

Treusorgende Mutter
In den ersten drei Wochen, versorgt die Mutter ihre Babys mit Milch, Wärme, Körperkontakt und Wohlbehagen.

Die werdende Katzenmutter

Die trächtige Katze sollte ein normales Leben führen. In den ersten Phasen der Schwangerschaft darf sie ohne weiteres draußen umherstreifen und jagen. Wenn sich ihr Körperumfang stark vergrößert hat, kann Klettern gefährlich werden, weil sich durch das Gewicht der Föten ihr Schwerpunkt verlagert und ihr Gleichgewicht beeinträchtigt wird. Sie wird sich dann instinktiv vorsichtiger verhalten, aber eine erfahrene Katzenmutter kommt recht gut mit den schwangerschaftsbedingten Veränderungen zurecht. Der erhöhte Progesteronspiegel bewirkt das typische Mutterverhalten, und die werdende Mutter pflegt mehr als sonst der Ruhe. Am Ende der Tragzeit steigt ihr Östrogenspiegel an, und sie macht sich auf die Suche nach einem Nestplatz.

Bequeme Körperhaltung
(Unten) Die werdende Katzenmutter bevorzugt die Bauchlage. So ausgestreckt, verteilt sie die Last ihres Unterleibs gleichmäßiger, und sie wird zudem vom Untergrund abgestützt. Bei aller Vorsicht bleibt sie normal aktiv, bis das Gewicht der Leibesfrucht und die hormonalen Veränderungen in ihrem Körper sie dazu zwingen, sich langsamer zu bewegen und öfter zu ruhen.

Sichtbare Anzeichen
Der dicke Bauch verrät sehr deutlich, daß diese gesunde und sonst schlanke Siamkatze trächtig ist. Ein Wurf umfaßt im Schnitt vier Junge, doch bei Siamesen sind die Würfe meist größer als bei anderen Rassen.

Enge Pupillen als Zeichen der Gelöstheit

Das ungeborene Kätzchen

Der Verdacht, daß Ihre Katze schwanger ist, wird dadurch bestätigt, daß die Zitzen rosig sind und der Bauch an Umfang zunimmt. Vier bis fünf Wochen nach der Empfängnis müssen Sie golfballgroße Schwellungen ertasten können. Da starkes Drücken oder Herumstochern die Embryonen schädigen oder sogar eine Fehlgeburt zur Folge haben kann, sollten Sie bei jeder manuellen Untersuchung behutsam vorgehen. Ein weiteres Anzeichen für eine bestehende Schwangerschaft ist das zunehmende Mutterverhalten. Die Tragzeit beträgt neun Wochen. In der Mitte der Schwangerschaft ist der Embryo bereits ein vollkommen ausgebildetes Minikätzchen. Er entwickelt sich dann sehr schnell und wiegt bei der Geburt etwa 100 Gramm.

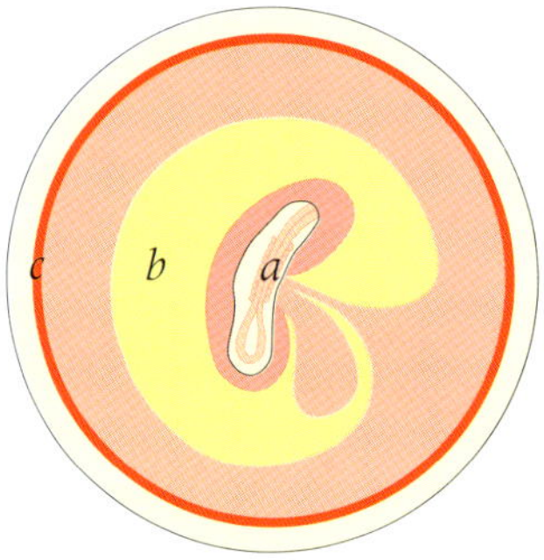

Nach 16 Tagen
Der Embryo (a) ist von Fruchtwasser (b) umgeben und mit der Gebärmutterwand (c) verbunden.

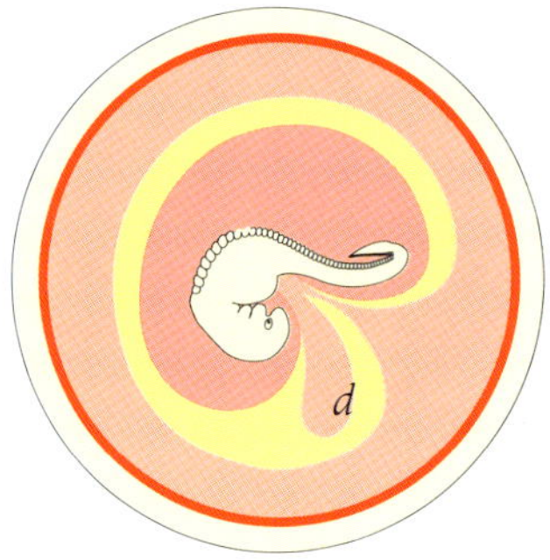

Nach 18 Tagen
Kopf, Wirbelsäule und Schwanz sind zu erkennen. Der Embryo lebt von den Nährstoffen im Dottersack (d).

Das Mutterverhalten

Schon bevor Ihre Katze Gewicht zulegt und eindeutig schwanger wirkt, nimmt ihr Appetit zu und ihr Betätigungsdrang ab. Gegen Ende der Tragzeit putzt sie sich häufiger, besonders am Unterleib und im Genitalbereich. Kurz vor der Geburt verbringt sie mehr Zeit in ihrem Nest oder Wurflager, das sie mit ihrem Duft imprägniert. Das kommt dem Heimfindevermögen der bald erscheinenden Jungen zugute.

Ich kann es mir jetzt einfach nirgendwo richtig bequem machen.

Der Körper nimmt die Form einer Birne an

Beine abgestreckt auf der Suche nach einer entspannten Lage

Zur Vorbereitung auf das Säugen treten die rosigen Zitzen deutlich hervor

Schonung der Kräfte
(Oben) Um Energie zu sparen, die sie für den Geburtsakt benötigt, wird die werdende Mutter weniger aktiv. Sie sitzt oder liegt jetzt häufiger als sonst. Dieses ruhige Mutterverhalten wird durch die Erhöhung des Progesteronspiegels ausgelöst.

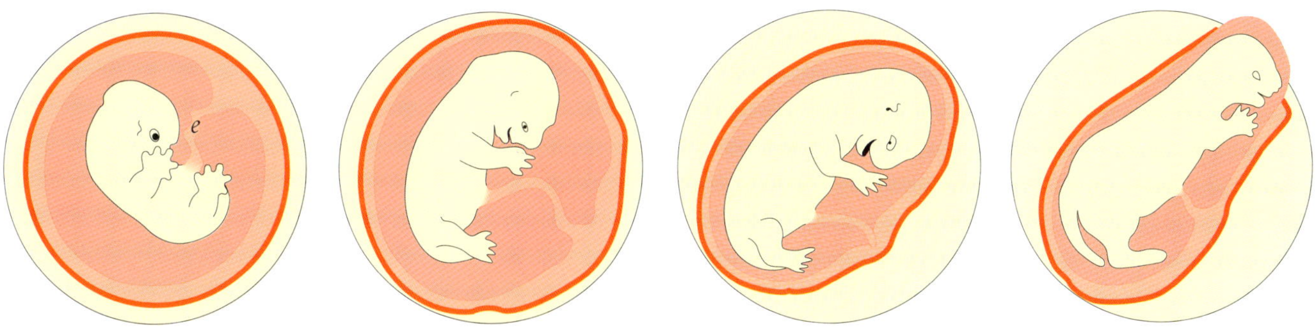

Nach 21 Tagen
Die Gliedmaßen bilden sich heraus, ebenso die Augen. Die Nahrung wird durch die Nabelschnur (e) zugeführt.

Nach 28 Tagen
Alle inneren Organe haben sich entwickelt. Das winzige Kätzchen mißt nun etwa 2,5 cm.

Nach 35 Tagen
Der Fötus wächst in dieser Entwicklungsphase schnell und ist inzwischen schon ungefähr 6 cm lang.

Nach 63 Tagen
Das Kätzchen kann jetzt geboren werden. In den letzten 28 Tagen hat es seine Länge verdoppelt.

Die Geburt

Die Geburt verläuft meist problemlos. Irgendwann zwischen dem 60. und 70. Tag nach der Paarung verändert die biologische Uhr der Katzenmutter die Hormonausschüttung, und die Wehen setzen ein. Die Katze sucht jetzt das auserwählte Nest oder Wurflager auf – ein abgeschiedenes, warmes Plätzchen, wo sie herumscharren kann. Der Atem geht schneller, und vielleicht beginnt sie rhythmisch zu schnurren. Während die Wehen anhalten, kommt es meist zu einem Scheidenausfluß, und bald darauf fangen die Preßwehen an. Sobald die Kontraktionen etwa alle 30 Sekunden wiederkehren, steht eine Austreibung unmittelbar bevor. Eine ausgeglichene und gesunde Katzenmutter kommt bei der Geburt ohne menschlichen Beistand zurecht.

Keine Aufregung! Ich schaff' es schon allein.

Das Hinterbein wird hochgehalten, damit es nicht im Weg ist

1 Austreibungsphase
Das Kätzchen gleitet in einer schlüpfrigen Fruchthülle durch den Geburtskanal. Die Mutter hat ihre Bauchmuskulatur gut unter Kontrolle und konzentriert sich auf das Pressen, um das Kätzchen auszutreiben. Sie hebt ein Hinterbein hoch, damit es nicht stört.

Das entspannte Bein deutet auf das Nachlassen der Kontraktionen hin

2 Die Geburt
Das Kätzchen ist geboren, und die Wehenschmerzen lassen nach, so daß die Mutter den Kopf nach hinten beugen und die Fruchtblase ablecken kann. Das Lecken ist eine Instinkthandlung. Das Junge wird in einer »Taucherhaltung« geboren, also mit Kopf und Füßen voran; etwa 70 Prozent der Kätzchen kommen so zur Welt.

Mit der Zunge wird die zähe Hülle abgeschält

Jedes Kätzchen steckt in einer Fruchtblase

3 Säuberung

(Rechts) Die Mutter säubert die Umgebung des Neugeborenen und frißt die Fruchtblase. Das Kätzchen ist völlig hilflos, und sie leckt es trocken, damit es sich nicht erkältet. Das Kleine hängt noch an der Nabelschnur.

4 Lebenspendendes Lecken

(Unten) Die Mutter beleckt nun das Gesicht des Kätzchens, um dessen Nasenöffnungen und Mäulchen von allem anhaftenden Schleim zu befreien. Sie tut das energisch und ziemlich grob – der Leckvorgang muß nämlich die Atmung des Kleinen anregen. Seine Lungen füllen sich mit Luft, und es beginnt frei zu atmen.

Durch das Belecken des Gesichts wird Schleim entfernt und die Atmung angeregt

5 Übergangsbeschäftigung

Nach jedem Geburtsakt bereitet sich die Mutter auf den nächsten vor. Sie leckt alles Fruchtwasser von ihrem Bauch, von ihrer Genitalregion und sogar vom Boden auf. Dabei kümmert sie sich nicht weiter um die bereits geborenen Jungen.

Das Aufrichten ist ein Reflexverhalten, das sich schon im Mutterleib entwickelt

Die Kätzchen orientieren sich mit Hilfe der Wärmerezeptoren auf ihrem Kopf

Nach der Geburt

Das Bein entspannt sich, da sich die Aufmerksamkeit der Mutter von dem gerade geborenen Kätzchen abwendet

Das Neugeborene steckt noch in der Fruchtblase, in der es nicht atmen kann

1 Zwei Aufgaben gleichzeitig

(Links) Bei nachlassender Konzentration beleckt die Mutter ein Kätzchen, während sie zugleich ein weiteres gebiert. Gleich wird sie sich dem Neugeborenen zuwenden und dessen Fruchtblase entfernen. Je mehr Würfe eine Katze hervorgebracht hat, desto besser kommt sie mit einer Geburt zurecht.

Meine Babys sind ganz auf mich angewiesen.

Die Nabelschnur wird durchgebissen

2 Verzehr der Nachgeburt

(Rechts) Die Mutter stößt die Nachgeburt (Mutterkuchen oder Plazenta) aus und frißt sie auf, um die Spuren der Geburt, die Raubfeinde anlocken könnten, zu beseitigen. Die Nachgeburt ist eine wertvolle Nahrung für die ersten Tage, in denen das Muttertier die Jungen nicht verlassen möchte, um auf Futtersuche zu gehen.

Die Mutter verzehrt die nährstoffreiche Nachgeburt

3 Durchtrennen der Nabelschnur

(Unten) Die Mutter kaut die Nabelschnur bis auf einen 2–3 cm langen Stumpf ab. Sie legt dabei den Kopf auf die Seite und benutzt für das Durchbeißen ihre Reißzähne. Eine unerfahrene Katzenmutter braucht dabei unter Umständen unsere Hilfe. Hinterher leckt sie das ausgetretene Blut auf.

4 Die erste Mahlzeit

(Unten) Manchmal nimmt die Mutter schon vor der Geburt des letzten Kindes eine hufeisenförmige Körperhaltung ein und schiebt die Kätzchen mit der Pfote an ihre Zitzen heran. Die Kleinen »rudern« auf die Milchquelle zu und beginnen an den vortretenden Zitzen zu nuckeln.

Durch Belecken des Rumpfs werden die Körperfunktionen der Kätzchen angeregt

Überleben

Das Überleben der Neugeborenen hängt davon ab, daß das Muttertier ihre Atmung stimuliert und sie warm hält. Außerdem müssen sie allesamt gesäugt und vor Gefahren geschützt werden. Um die Spuren der hilflosen Babys zu tilgen, schleckt die Mutter alle ausgetretenen Flüssigkeiten auf und verspeist die Nachgeburt.

Betreuen der Neugeborenen

Zwischen den einzelnen Geburten können nur fünf Minuten, aber auch zwei Stunden vergehen. Bei einem sehr großen Wurf bringt die Mutter vielleicht nur ein paar Kätzchen zur Welt und legt sich dann erschöpft hin, um sie zu säugen. Es kann sein, daß sie die nächsten Wehen erst nach 24 Stunden bekommt und dann den restlichen Wurf gebiert. Neugeborene Kätzchen sind hilflos und ganz auf ihre Mutter angewiesen, die sie nährt, beschützt und wärmt. Sie verhält sich instinktiv mütterlich, säugt die Kleinen gleich nach der Geburt und läßt sie in den ersten 48 Stunden nur selten allein.

Das einsame Kätzchen
(Oben) Dieses Einzelkätzchen, das sich wärme- und schutzsuchend an die Mutter kuschelt, ist benachteiligt, weil es nicht die Möglichkeit hat, sich in einem großen Wurf sozial zu entwickeln

Sitz der Wärmerezeptoren, des leistungsfähigsten Sinnesorgans der Neugeborenen

Kätzchen kuscheln sich aneinander, um sich warm zu halten

Die rosigen Pfötchen zeigen an, daß der Blutkreislauf gut funktioniert

Rivalität unter Wurfgeschwistern
In einem großen Wurf entsteht ein Wettbewerb unter den Kätzchen. Die Rivalitäten sind gesund, denn sie schaffen eine anregende Atmosphäre. Doch manchmal bleibt ein Verlierer oder Kümmerling auf der Strecke.

Ich bin völlig erledigt, aber ich muß mich um die Babys kümmern.

Ungeteilte Aufmerksamkeit
Das Muttertier reagiert auf das Fiepen der Kätzchen, indem es sie beleckt, während sie zur Milchquelle drängen. Die zuletzt geborenen Jungen sind noch immer feucht, doch das Belecken hat ihre Atmung stimuliert. Ihr Blutkreislauf funktioniert ebenfalls schon einwandfrei, wie die rosigen Pfötchen und Bäuche beweisen.

Bitte nicht stören!
(Oben) Die Mutter zeigt sich verärgert, wenn Sie sie stören, und faucht und spuckt womöglich. Sie hütet ihre Kätzchen und japst vor Erschöpfung. Bald wird sie sich entspannen und die Kleinen säugen.

Schutz der Katzenkinder

Schutzlosigkeit
Das Neugeborene kann noch nicht sehen, hören und laufen. Mit Hilfe der Wärmerezeptoren des Gesichts erkennt es, wo sich seine Mutter befindet.

Zwischen Katzenmutter und Neugeborenen entsteht sofort eine Bindung, und sie weiß instinktiv, wie sie die Babys betreuen muß. Auch eine Erstgebärende reagiert auf die Rufe ihrer Kätzchen und holt sie zurück, wenn sie sich davonmachen wollen. Sie erkennt jedes Kind an seinem speziellen Geruch, der von den Hautdrüsen am Kopf ausgeschieden wird. Die Kätzchen ruhen nur dann, wenn sie sich an die Mutter oder aneinander kuscheln. Sobald sie sich an ihre neue Umgebung gewöhnt zu haben scheinen, gibt die Mutter das verschmutzte Nest auf und trägt sie an einen sicheren Platz. Dieses Verhalten entspricht dem Leben in der freien Natur, wo es notwendig ist, den Wurfplatz, dessen Spuren Räuber anlocken könnten, möglichst bald zu verlassen.

Heikles Transportgut
Die Mutter verläßt das beschmutzte Nest, sobald die Kätzchen vier Tage alt sind. Sie ergreift sie reihum mit dem Maul und trägt sie fort. Die Katzenbabys verfallen dabei in eine Tragstarre.

Mit weit geöffneten Kiefern wird das Kätzchen sicher gepackt

Hier sind wir nicht sicher – ziehen wir weiter!

Im neuen Heim

Die Katzenmutter ruht zufrieden und entspannt am neuen Nestplatz und scheint sich gar nicht um ihre Kinder zu kümmern, die auf ihr umherkriechen. Die Kätzchen werden durch die Körperwärme der Mutter zu ihr hingezogen.

Das »frechste« Kätzchen trinkt als erstes

Die kräftigen, feinfühligen Kiefer packen das Kätzchen im Genick, ohne es zu verletzen

Hinterbeine und Schwanz werden angezogen

Transporthaltung

Das Kätzchen bleibt passiv und nimmt eine Fötushaltung ein, wenn es zum Nest getragen wird. Auch im späteren Leben zieht eine Katze auf gleiche Weise ihren Körper zusammen, wenn sie am Nackenfell hochgenommen wird.

Ausschreiten

Die Mutter schreitet »großspurig« dahin, wenn sie ein Kätzchen im Maul trägt. Dadurch verringert sich die Gefahr, daß es irgendwo anstößt. Wenn die Entfernung zwischen den Nestern zu groß ist, befördert die Katze ihren Wurf zunächst zu einem Ruheplatz auf halbem Weg und dann weiter zum neuen Heim.

Säugen

Die Augen öffnen sich nach vier bis zehn Tagen

Die Ohren öffnen sich ungefähr am zehnten Tag

Offene Augen
Dieses sechs Tage alte Kätzchen hat seine Augen geöffnet. Obwohl dieser Vorgang genetisch gesteuert wird, öffnen sie sich bei Kätzchen, die von jungen Müttern oder in dunklen Höhlen aufgezogen werden, früher als normal.

1 Milchbar
(Unten) Die hinteren Zitzen spenden die meiste Milch. Sie werden von den ranghöheren Kätzchen beansprucht, die in der Regel zu starken und selbstsicheren Tieren heranwachsen.

Katzenmütter sind beim Säugen sehr gelassen – eine Auswirkung des Schwangerschaftshormons Progesteron. Dieses regt den Milchfluß an und löst bei der Mutter einen gewaltigen Appetit aus. Die erste Milch nach der Entbindung, die Vor- oder Kolostralmilch, schützt die Kätzchen vor Krankheiten. In den ersten Tagen entwickeln sich die Sinnesorgane der Kleinen sehr schnell. Sie merken sich den Geruch ihrer Lieblingszitze und zeigen bald eine Vorliebe für sie. Nebenbuhler geben oft das Trinken auf, wenn ein Berechtigter Anspruch auf seine Zitze erhebt.

„Kommt her, hier ist Platz für alle!“

Völlige Entspannung
Das Hormon Progesteron, das den Milchfluß in Gang setzt, löst bei der Mutterkatze auch eine zufriedene Stimmung aus. Die verengten Pupillen zeigen an, daß sie nicht so leicht aus der Ruhe zu bringen ist.

2 Gedränge am Gesäuge
(Rechts) In den ersten Wochen sind die Kätzchen darauf angewiesen, daß die Mutter die richtige Säugeposition einnimmt. Der Kümmerling wird von der Kätzin unwissentlich am Trinken gehindert. Sie streckt die Vorderpfote aus und weist ihn dadurch zurück.

Schlafhaltung als Säugeposition

Das rangniedere Kätzchen kann sich zum Kümmerling entwickeln

Die Mutter schiebt die Kätzchen zu den Zitzen hin

Die Kätzchen »paddeln« mit den Hinterpfoten auf die Zitzen zu

3 Trinkdauer
(Unten) Die Zeit, in der die Kätzchen trinken dürfen, ist begrenzt. Die Katzenmutter beginnt sich aufzurichten und zwingt damit die Babys, die Zitzen loszulassen. Das Kätzchen, das es nicht geschafft hat, sich zu bedienen, trollt sich davon. Die Mutter paßt zwar auf, aber sie zeigt sich nur dann besorgt, wenn sie einen Verlassenheitsruf hört.

Die ergiebigsten Zitzen befinden sich hinten

Ist die Säugezeit vorbei, hebt das Kätzchen den Kopf und läßt die Zitze los

Dieses Kätzchen hat aufgegeben und zieht ab

Ammendienste und Adoption

Es stört mich nicht, daß diese Kätzchen nicht mir gehören – sie werden alle versorgt.

Der Ammendienst ist kein Nebenprodukt des menschlichen Eingriffs in die Katzenfortpflanzung. Er ist eine natürliche kätzische Verhaltensform, die es einer Mutterkatze ermöglicht, die Wurfhöhle zu verlassen und auf die Jagd zu gehen, während eine andere das Säugen übernimmt. Mehrere Tage nach der Geburt ist der Mutterinstinkt der Kätzin so stark, daß sie bereitwillig notleidende Waisenkinder adoptiert, vor allem wenn diese erst wenige Tage alt sind. Die ganz jungen Tiere sind nicht wählerisch und lassen sich gern von jeder verfügbaren Kätzin verwöhnen und ernähren.

Dieses Kätzchen bemüht sich um festen Halt an einer Zitze

Zwei Pflegekinder saugen an den besten Zitzen

Die Pflegemutter
Diese Burmakatze säugt ihre eigenen Tonkanesin-Babys sowie die beiden kleinen Seal-Point-Siamesinnen, die im Alter von nur wenigen Tagen zur Familie gestoßen sind. Die Adoptivkätzchen haben sich gut eingewöhnt und konkurrieren mit den leiblichen Kindern um Nahrung.

Familienverband
Die hier gezeigten Kätzchen bilden eine geschlossene Gruppe, nicht anders als ein normaler Wurf. Im engen Körperkontakt finden sie Geborgenheit und Wärme. Da sie zu viert aufwachsen, haben sie mehr Gelegenheit zu spielen, und ihre geistigen Fähigkeiten entwickeln sich schneller.

Genug für alle
Die kleine Tonkanesin hat inzwischen eine Zitze gefunden, die sie fortan verteidigt. Ihre Mutter wird alle vier Kätzchen bis zur Entwöhnung säugen. Das Adoptionsverhalten verlängert meist die Milcherzeugung, weil die zusätzlichen Säuglinge den Milchfluß stimulieren.

Flaschenkost
Auch wenn ein Kätzchen mit einem Schnuller künstlich ernährt wird, zeigt es den sogenannten Milchtritt. Es knetet das Handtuch so, wie es normalerweise das Milchdrüsengewebe seiner Mutter massieren würde, um den Milchfluß anzuregen.

Handaufzucht

Ein verwaistes Kätzchen können Sie mit einer speziell zubereiteten Ersatzmilch und einer Pipette künstlich ernähren. Das Baby erhält dabei eine bekömmliche Nahrung, aber wenn es nicht zusammen mit anderen Kätzchen aufwächst, fehlt ihm der soziale Kontakt zu kleinen Artgenossen und zu seiner säugenden Mutter. Dies kann emotionale Störungen zur Folge haben und die Entwicklung des normalen Sozialverhaltens blockieren.

Seal-Point-Siamkatzen haben an den Ohren schwarzbraune Abzeichen

Kindergartenkätzchen

Gemeinsame Jungenaufzucht ist bei verwilderten Stadtkatzen allgemein üblich. Eine Gruppe von säugenden Mutterkatzen kann gemeinschaftlich bis zu 40 Kätzchen betreuen. Daraus ergeben sich für die Jungtiere intensive soziale Aktivitäten. Doch der Wettstreit um die Zitzen ist groß, und so kommen kleinere Katzenkinder oft zu kurz.

Das heranwachsende Kätzchen

Loslösung
Dieses Kätzchen schickt sich an, die Umwelt fern der Mutter zu erkunden.

Innerhalb weniger Wochen nach der Geburt wandelt sich die totale Abhängigkeit des Kätzchens von seiner Mutter und seinen Wurfgeschwistern in einen Zustand völliger Unabhängigkeit. Mit drei Wochen beginnt es seine Umwelt zu erkunden und mit den Geschwistern und der Mutter zu spielen. Gesichts-, Gehör-, Geschmacks-, Geruchs- und Tastsinn sind im Alter von fünf Wochen voll entwickelt, und schon mit zwölf Wochen besitzt das Jungtier die Beweglichkeit, Gewandtheit und Anmut einer ausgewachsenen Katze.

Neugierde
Das heranwachsende Kätzchen will immer mehr über seine Umgebung erfahren.

Unter Normalbedingungen mündet das Spiel immer häufiger in Raufereien mit den Geschwistern. Die ranghöheren Kätzchen machen aus dem Spiel ein Überlegenheitsgehabe, und was bislang ein fröhliches, unbekümmertes Umhertollen war, verwandelt sich in eine ernsthaftere Demonstration der Stärke. Spiele zwischen Männchen und Weibchen werden mit fortschreitender sexueller Reife seltener. Wenn Kätzchen in unserer

Sichere Basis
Werden Kätzchen erschreckt, suchen sie immer noch Schutz bei der Mutter.

Freundschaft schließen
Wenn sich Kätzchen und Hörnchen schon früh anfreunden, bleiben sie Freunde ein Leben lang.

Wohnung aufwachsen, bieten wir ihnen Sicherheit, Wärme, Komfort und Nahrung. Dadurch verringert sich für sie die Notwendigkeit, sich zu selbständigen Jägern zu entwickeln, die sie werden müßten, um in der freien Natur überleben zu können. Die Katze, die sich freiwillig in die Obhut des Menschen begeben hat, hat sich ein Verhaltensrepertoire zugelegt, das den weniger harten Lebensbedingungen in unseren Häusern angepaßt ist.

Zunehmende Gewandtheit
Der erfolgreiche Jäger muß springen und zuschlagen können. Mit zwölf Wochen beherrscht die Jungkatze bereits das gesamte Bewegungsrepertoire eines ausgewachsenen Tiers.

Vielfach unterbrechen wir den sexuellen Entwicklungszyklus der Katzen, indem wir sie schon vor der Geschlechtsreife kastrieren lassen. Das führt zu einer Veränderung der natürlichen Geruchsstoffe und zu einem Abbau der inneren Spannungen in den Beziehungen der Kätzchen untereinander. Deswegen haben Hauskatzen oft weniger Anlaß zu Streitereien, und das angstfreie Spiel des Kätzchens mit seinen Wurfgeschwistern kann lebenslang andauern, weil die Auseinandersetzungen um Dominanz und Revier nicht mehr von so entscheidender Bedeutung sind.

Machtspiele
Ohrenstellung und Beißversuche deuten an, daß hier aus dem Spiel schon ein ersthafter Rangstreit geworden ist.

Entwicklung der Sinne

Ernsthaftes Lernen beginnt im Alter von drei Wochen, wenn sich alle Sinnesorgane des Kätzchens herausbilden. Um tüchtige Jäger zu werden, müssen die Jungtiere ihren Geruchs- und Geschmackssinn entwickeln; sie brauchen eine Stimme, um ihre Gefühle ausdrücken zu können, und körperliche Gewandtheit, um sich sicher bewegen zu lernen.

Die Ohren öffnen sich mit zehn Tagen; dann ist das Gehör schon gut entwickelt

Der aufgerichtete Schwanz erleichtert die sichere Fortbewegung

Die Krallen können in diesem Alter noch nicht zurückgezogen werden

Zwecks besserer Standfestigkeit wird jeweils nur eine Pfote angehoben

Verlassenheitsruf
(Links) Mit weit geöffnetem Mäulchen schreit dieses verängstigte Kätzchen nach seiner Mutter. Die Stimme »funktioniert« gleich nach der Geburt, und das Kätzchen benutzt sie, um einen Notruf auszusenden, wenn es Hunger hat, gedrückt wird, friert oder von der Mutter und den Wurfgeschwistern getrennt ist. Für uns klingt dieser Jungtierruflaut ähnlich wie das Greinen eines Menschenbabys. Die Katzenmutter kann den Ruf des eigenen Nachwuchses sehr bald von dem fremder Kätzchen unterscheiden.

Was geht da vor? Ich bin neugierig und will es genau wissen.

Schnüffen mit gesenktem Kopf
Das Neugierverhalten entwickelt sich früh. Diese Kätzchen bedienen sich des Geruchssinns, um ihre Umgebung zu erkunden. Das Riechen ist der erste Sinn, der sich vollständig entwickelt und schon bei der Geburt am besten ausgebildet ist.

Der im Verhältnis zum Körper große Schwanz hilft dem Kätzchen, das Gleichgewicht zu halten

Die Augenflüssigkeit ist bis zur fünften Woche noch trübe

Die Pfoten werden noch etwas unsicher aufgesetzt

Gleichgewichtssinn
(Oben) Das drei Wochen alte Kätzchen hat gerade das Laufen gelernt. Es hat noch Probleme mit dem Gleichgewicht und bewegt sich deshalb ziemlich umgeschickt. Jeweils nur eine Pfote anhebend, macht es breitbeinige Schritte. Die Tastsinneszellen der Pfoten sind zwar schon entwickelt, aber das Gehirn kann die Reize noch nicht richtig verarbeiten.

Verlaß auf die Mutter

Die Neugier entwickelt sich bei den Kätzchen viel früher als die Angst, und sobald sie gehen können, bewegen sie sich umher, um jeden neuen Gegenstand, Laut oder Geruch zu inspizieren. Trotz der früh erwachten Unternehmungslust und Wißbegierde bleiben die Kleinen ganz und gar auf ihre Mutter angewiesen, die sie nährt, putzt und aus Gefahren rettet. Es ist Aufgabe der Mutter, die Aktivitäten der Kätzchen zu überwachen und sie zurückzuholen, wenn ihnen eine (vermeintliche) Gefahr droht. Bis zur sechsten Lebenswoche bietet sie ihnen Nahrung und den Kontakt, der für eine gesunde körperliche und seelische Entwicklung notwendig ist.

Wachsame Mutter
Die Mutter hat stets ein wachsames Auge auf ihre Nachkommen. Hier holt sie ein Kätzchen zurück, das sich zu weit vom Nest entfernt hat. Mit zunehmendem Alter wird das Fell der Jungtiere lockerer und der Nackengriff schwieriger.

Das Hinterteil wird der Mutter zum Belecken präsentiert

Die mit feinen Hornstacheln besetzte Zunge kämmt das Fell

Hygienemaßnahmen
In den ersten drei Wochen regt die Mutter die Kätzchen zur Urin- und Kotabgabe an, indem sie deren After- und Geschlechtsgegend beleckt. Sie verspeist alle Körperausscheidungen. Sobald die Kleinen zu fester Nahrung übergehen, lassen die hygienischen Bemühungen der Mutter nach.

Die ersten Schritte
Dieses frühreife vierwöchige Kätzchen versucht sich selbständig zu machen. Die Mutter steht dabei und beobachtet seine Schritte.

Ich weiß, du bist immer da, wenn ich in Schwierigkeiten gerate.

Der leicht gequälte Gesichtsausdruck verrät Verärgerung

Holde Eintracht

(Oben) Dieses sieben Wochen alte Jungtier sucht noch immer den Körperkontakt mit seiner Mutter. Die Mutterkatze zeigt durch ihren Gesichtsausdruck an, daß sie sich ein wenig darüber ärgert, als Klettergerüst benutzt zu werden, doch sie läßt es geschehen.

Das ausgestreckte Bein beweist, daß die Mutter ganz entspannt ist

Das Schwänzchen wird bei der Suche nach einer Zitze aufgestellt

Das schlaffe Schwänzchen zeigt an, daß das Kätzchen zu trinken begonnen hat

Nahrung und Geborgenheit

Mit sechs Wochen sind die Kätzchen nicht mehr auf die Muttermilch angewiesen, aber sie werden weiterhin gesäugt. Kopf an Kopf wetteifern sie um die Zitzen. Sie fühlen sich geborgen bei ihrer Mutter, die einem Jungtier das Hinterteil säubert. Bei einer Entwöhnung vor der sechsten Lebenswoche wird die normale seelische Entwicklung der Jungtiere beeinträchtigt.

Fortbewegung

Kätzchen können sofort nach der Geburt umherkriechen. Wärmerezeptoren an der Nase sagen ihnen, wo die Mutter zu finden ist. Mit zwei Wochen erhält das Gehirn Informationen der anderen Sinne, wodurch sich der Bewegungsablauf verbessert. Siebenwöchige Jungtiere bewegen sich schon wie ausgewachsene Katzen, und mit zehn Wochen können sie perfekt balancieren.

Auf geht's!

Zur Balance wird der Schwanz steil aufgerichtet

Hochempfindliche Wärmerezeptoren auf dem Nasenspiegel

Das Bäuchlein schleift auf dem Boden

Fließende Bewegung

Alle Sinnesorgane senden Botschaften zum Gehirn. Das Koordinationszentrum im Gehirn wertet diese Botschaften aus und gibt dann den jeweiligen Muskeln weitere Anweisungen. Die Botschaften werden sehr schnell übermittelt und ermöglichen so einen fließenden Bewegungsablauf. Die Vordergliedmaßen bewegen sich frei, und da der Schwerpunkt näher am Kopf liegt, entfaltet die Vorderhand die größte Aktivität. Die Hinterläufe sorgen für rasche Beschleunigung, und der Schwanz dient als Steuerruder.

1 Paddeln

Mit zehn Tagen kriecht das Kätzchen mit dem Bauch auf dem Boden herum und paddelt mit den Beinen. Der Kopf gleicht einem Rammbock und wird wie eine Sonde zur Ortung des warmen Nestes eingesetzt.

2 Flache Pfoten

Mit zwei Wochen kann das Kätzchen das Gleichgewicht halten, doch noch nicht mühelos laufen. Die Beine tragen zwar schon das Körpergewicht, aber das Tier fällt um, sobald es zwei Pfoten gleichzeitig anhebt. Die Füße liegen flach auf dem Boden, wenn es dahinkriecht.

Aus Gleichgewichtsgründen wird der ganze Fuß aufgesetzt

3 Aufrechter Gang

Die Zunahme der Beweglichkeit fällt mit einem ausgeprägten Neugierverhalten zusammen. Mit drei Wochen nehmen die Hinterpfoten die »Sprinterhaltung« des Zehengängers ein. Das Jungtier kann den ganzen Körper hoch tragen und die Füße vorsetzen, allerdings noch nicht genau an der gewünschten Stelle.

Der Zehengang ist die natürliche Fortbewegungsweise

Der Schwanz wird zum Balancieren steil aufgerichtet

Die Pfote wird selbstsicher vorgestreckt

4 Wachsendes Selbstvertrauen

Das Kätzchen muß sich noch immer stark darauf konzentrieren, wohin es seine Pfoten setzt, aber mit vier Wochen fällt es kaum noch um. Das Gleichgewichtsorgan im Ohr ist so weit entwickelt, daß man Geschwister und bewegliche Objekte beschleichen und jagen kann.

Heimfindevermögen

Umherwandernde Katzen besitzen offenbar die Fähigkeit, immer wieder heimzufinden. Experimente haben bewiesen, daß sie sich am Magnetfeld der Erde orientieren: In einem Labyrinth ausgesetzte Katzen verließen es in Heimkehrrichtung; Tiere, die mit einem Magneten ausgestattet worden waren, verirrten sich dabei. Ältere Katzen waren erfolgreichen als jüngere, und alle fanden sich leichter zurecht, wenn der Heimatort weniger als 12 km entfernt war.

5 Fast schon erwachsen

Im Alter von fünf Wochen bewegt sich das Jungtier mühelos. Es muß sich nicht mehr so stark konzentrieren und schreitet in Nachahmung der Mutter natürlich einher. Der Schwanz hängt herab, da er nicht mehr als Steuerruder gebraucht wird.

Schwanz wird niedriger getragen

6 Vollendete Beweglichkeit

Mit zehn Wochen beherrscht das Jungtier alle Fortbewegungsarten, die es zum Überleben braucht. Es kann jetzt selbstsicher auf einem Ast entlangschreiten, ohne daß eine Absturzgefahr besteht. Es ist zwar noch klein, verfügt aber schon über alle Eigenschaften eines schnellen, gewandten und leisen Jägers.

Die Pfotenballen wirken auf unebenem Untergrund wie Stoßdämpfer

Hohe und weite Sprünge

Als angehende Jäger entwickeln die Kätzchen sehr schnell eine beneidenswert harmonische und anmutige Gewandtheit. Das befähigt sie, blitzschnell ihre Körperhaltung zu verändern und ein ahnungsloses Beutetier zu erhaschen. Mit sechs Wochen haben sie ein besseres Gleichgewichtsgefühl als jeder Mensch. Das hat seinen Grund darin, daß ein großer Teil des Katzenhirns für den Empfang und die Verarbeitung von Botschaften des Gleichgewichtsorgans und der Augen ausgelegt ist. Das Skelett – vor allem die Wirbelsäule und die Gelenke – sowie die Muskulatur sind hervorragend auf das Springen, Klettern und Balancieren abgestimmt.

Improvisierter Sprung

Bei spontanen Luftsprüngen dreht sich das Kätzchen in der Taille, um die Beute ins Auge zu fassen. Ein Fuß bleibt auf dem Boden, um das Gleichgewicht zu halten. Extrem starke Bänder an den Gelenken verleihen den kräftigen Schenkelmuskeln zusätzliche Schubkraft.

Eine Pfote bleibt zur Stabilisierung auf dem Boden

Der Schwanz senkt sich, wenn die Vorderpfoten angehoben werden

Schlagbereit

Das Kätzchen schleicht sich an die Beute heran und springt dann, mit den Hinterbeinen auf dem Boden, nach vorn, um sie unverhofft zu packen. Das Schlagen der Beute im Sprung ist die von Katzen am häufigsten angewandte Jagdtechnik.

Kräftige Beinmuskeln ermöglichen die volle Körperstreckung

Waagrechter Sprung

Mit fangbereiten Vorderpfoten springt das Kätzchen nach vorne, doch dabei kann es sein Opfer auch unabsichtlich erschrecken und vertreiben.

Vorderpfoten zum Greifen vorgestreckt

Hinterpfoten setzen zuerst auf

Wachsame Ohren bei der Landung

Geplanter Sprung

Um einen bestimmten Punkt zu erreichen, macht das Kätzchen mit Hilfe seiner kraftvollen Hinterlaufmuskeln eine Reihe von Halbsprüngen. Es landet, mühelos das Gleichgewicht haltend, auf den Vorderpfoten.

Manchmal glaube ich, ich könnte fliegen, wenn ich nur wollte.

Schwanz schwingt wie ein Pendel hin und her

Das Gehirn erhält die Information, die Landung vorzubereiten

Der Schwanz dient als Gegengewicht, wenn sich der Schwerpunkt nach vorn verlagert

Senkrechter Sprung
Mit allen vieren hebt das Kätzchen vom Boden ab, wenn es hoch- und zurückspringt. In der Luft werden die Krallen ausgefahren, bereit zum Zupacken. Der Sprung wird im späteren Leben zum Fang von Vögeln oder Fluginsekten ausgeführt.

Flexible Schultern fangen den Stoß auf

Die abgespreizten Vorderbeine bereiten sich auf eine Bruchlandung vor

Bruchlandung
Nicht jede Bewegung gelingt, aber dank seines hervorragenden Stellreflexes wird das Kätzchen aufrecht landen. Die Pfoten werden weit abgespreizt, um den Stoß aufzufangen. Auch der Schulterblattknorpel läßt das Tier weicher und leichter aufsetzen.

Gesteuerter Absturz

Katzen verbringen viel Zeit auf Beobachtungsposten. Dazu steigen sie auf Bäume, Mauervorsprünge und Dächer. Bei all dieser Kletterei besteht das Risiko des Sturzes; deshalb haben die Katzen neben ihrer Gewandtheit auch einen hervorragenden Gleichgewichtssinn entwickelt. Stürzt eine Katze dennoch ab, dreht sich ihr Körper in der Luft, und sie richtet sich auf, bevor sie mit den Pfoten den Boden berührt.

Entwöhnung

Früher oder später werden die Kätzchen der Mutter lästig. Wann genau es dazu kommt, ist von Wurf zu Wurf verschieden. Im allgemeinen jedoch werden die Katzenkinder mit sieben Wochen entwöhnt, aber manche Mütter haben die rasiermesserscharfen Zähnchen der Kleinen schon viel früher satt. Andere säugen noch mehrere Monate länger, auch wenn keine Milch mehr fließt. In beiden Fällen macht sich bei allen Kätzchen schließlich das Unabhängigkeitsbedürfnis geltend, und sie geben die mütterliche Geborgenheit auf, um sich den Gefahren und Ungewißheiten des Erwachsenendaseins zu stellen.

Die Trennung beginnt
(Oben) Diese sechs Wochen alten Kätzchen brauchen nicht mehr die Milch ihrer Mutter, aber sie werden noch mehrere Wochen lang bei ihr bleiben.

Die Mutter hebt das Hinterbein, damit die Kätzchen trinken können

Das vorstehende Schulterblatt zeigt an, daß ihre Energievorräte aufgezehrt sind

Loslösen von den Jungen
(Oben und unten) Mit sechs Wochen sind die Kätzchen dieses großen Wurfs noch immer gierige »Trinker«. Die Mutter möchte sich jedoch nicht mehr so viel mit ihnen abgeben, da sie zu einer physischen Belastung werden. Auch die sehr spitzen Milchzähne der Kleinen tun ihr weh.

Säugen als Komfortverhalten

(Unten) Diese Mutter, die nur zwei Junge hat, fühlt sich durch das Säugen körperlich weit weniger belastet, als es bei einem großen Wurf der Fall wäre. Nach sieben Wochen ist die Milch fast völlig versiegt, aber Säugen ist ein Komfortverhalten, das zuweilen über die siebte Woche hinaus beibehalten wird.

Frühstücksruf

Obwohl diese Kätzchen im Abstillalter sind, ergreift die Mutter die Initiative und leckt sie zärtlich wach, damit sie ihr Frühstück bekommen. Die mütterliche Fürsorge ist individuell verschieden, und die Persönlichkeit der Jungtiere wird sicherlich durch das Verhalten der Mutter mitgeprägt.

Ich möchte so lange säugen, wie ich kann.

Mit gesenktem Kopf schickt sich das Kätzchen zum Trinken an

Freundschaften schließen

Es ist entscheidend wichtig, daß Sie Ihrem Kätzchen im Alter von zwei bis sieben Wochen geistige Anregungen bieten, wenn es zu einer selbstbewußten und lebenslustigen Katze heranreifen soll. Anfangs konzentrieren sich die sozialen Aktivitäten des Kätzchens auf die Mutter und verlagern sich dann allmählich auf die Wurfgeschwister. Mit etwa zwei Wochen beginnen die Kleinen miteinander zu spielen, und durch diese soziale Wechselbeziehung lernen sie, wie man Freundschaften schließt. Durch das Spiel werden sie behutsam in die Probleme des Erwachsenseins eingeführt.

Los, spielen wir Erwachsene!

Scheinaggressivität
(Oben) Diese dreiwöchigen Kätzchen traktieren einander mit Scheinangriffen und kugeln dabei übereinander. Mit vier Wochen werden sie miteinander ringen und mit fünf sich gegenseitig anspringen.

Das exponierte Bäuchlein ist ein Entspannungszeichen

Im Körbchen fühlt sich das Kätzchen sicher

Vergängliche Freundschaften

Bis zur 14. Woche spielen Kätzchen fröhlich miteinander. In Wirklichkeit sorgt das Spiel dafür, daß sie beisammenbleiben, wenn die Mutter auf die Jagd geht. Sie probieren aggressive Gesten aus, um festzustellen, mit welchem Imponiergehabe sie ihre Geschwister am wirksamsten einschüchtern können. Einige Elemente des Spiels, etwa der Nackenbiß, sind eine Einübung in das Sexualverhalten, andere ein Jagdtraining. Die Jungkatzen beschleichen sich und springen einander an, als ob sie Beutetiere wären.

Fröhliche Balgerei

Diese dreieinhalb Wochen alten Kätzchen balgen sich und kugeln dabei übereinander. Die Rauferei sieht vielleicht ernst aus, ist aber in diesem Stadium nur ein Spaß. Nach einem solchen Spielkampf umarmt und beleckt man sich gewöhnlich.

Einschüchterung

(Links) Dieses sechswöchige Jungtier weicht dem Kampf aus. Balgereien, die früher freundschaftlich endeten, werden jetzt häufig mit bösen Blicken und Gefauche abgeschlossen.

Kreatives Spiel

(Links) Die Kätzchen spielen unbeschwert miteinander, denn eines legt sich auf die Seite und zeigt sein Bäuchlein. Das Schwesterchen spielt mit seinem Schwanz und lernt dabei, daß es schnell reagieren muß, wenn es bewegliche Objekte erhaschen will.

Spielerische Attacke

(Links) Die Mutter läßt sich die spielerischen Angriffe eines sechswöchigen Kindes gefallen, während ein zweites trinkt. Wenn die Kätzchen älter werden, wird sie deren Streiche immer weniger dulden. Andere erwachsene Katzen reagieren selten aggressiv, aber wenn sie öfters belästigt werden, können sie knurren oder zurückschlagen.

Kontaktaufnahme

So etwas hab' ich noch nie gesehen!

Das Spiel mag zweckfrei erscheinen, doch in der Natur geschieht selten etwas ohne Grund. Jedes Element im Spiel des Kätzchens hat eine Funktion. Das Spiel mit Gegenständen beginnt im Alter von drei Wochen, wenn das Kätzchen mit den Pfoten nach beweglichen Objekten hascht. Schon bald bepfotet, packt und untersucht es alles, was seine Neugier erregt. Wird es in diesem Alter mit Menschen vertraut, spielt es gerne mit ihnen und fügt sich dann später glücklich und zufrieden in die Familie ein. Beide Spielformen dienen der Vorbereitung auf das Erwachsenenleben.

Spielen mit Menschen
Mit kleinen Kätzchen sollten Sie jeden Tag mindestens 40 Minuten lang spielen, damit diese zu ausgeglichenen und freundlichen Katzen heranwachsen. Der häufige Umgang nimmt den Tieren die Angst und steigert ihre Neugier.

Ballspiele
(Unten) Kleine Bälle sind besonders beliebt, weil sie wegzulaufen scheinen. Mit acht Wochen kann das Kätzchen die Pfotenbewegungen voll koordinieren und den Ball richtig festhalten. Wie ein kleines Kind ist es nicht willens, das Spielzeug mit seinem Geschwister zu teilen.

Die Augen versuchen den Ball zu orten

Mit zurückgezogenen Krallen wird der Ball fest gepackt

Bewegliche Ziele

Gespannt beobachten die Kätzchen, ob sich der Ball bewegt. Das rotgestromte berührt ihn neugierig. Wenn er davonrollt, jagt es ihn, so wie es später ein Beutetier verfolgen wird. Daß der Ball geräuschlos rollt, ist eine ebenso wichtige Lernerfahrung wie die, daß das Zerbrechen eines Zweiges Lärm macht.

Objektspiele

Im Spiel mit unterschiedlichen Gegenständen, etwa Blättern oder kleinen Bällen, lernen die Kätzchen ihre Umwelt kennen. Wenn sie tüchtige Jäger werden wollen, müssen sie wissen, wie Objekte sich bewegen, reagieren oder bei einer Berührung Lärm erzeugen. Das Gehirn und die Verbindungen zwischen den Gehirnzellen entwickeln sich besser bei Kätzchen, die umbeschwert spielen dürfen, als bei solchen, denen das Objektspiel versagt bleibt.

Ohren zur besseren Geräuscherfassung trichterförmig nach vorn gerichtet

Das Kätzchen fixiert den Ball

Jagdgeschick

Das dunkelgestromte Katerchen richtet seine ganze Aufmerksamkeit auf den Ball. Seine Ausdauer läßt vermuten, daß aus ihm einmal ein guter Jäger wird. Das rotgestromte Kätzchen hat sich vom Ball abgewandt und beobachtet nun etwas anderes.

Rangstreitigkeiten

Kätzchen beginnen früh miteinander zu wetteifern. Zunächst werden die Rivalitäten spielerisch ausgetragen, doch die ungeschickten Pfotenhiebe kündigen bereits die ernsthafteren Rangordnungskämpfe an, zu denen es später kommt. Das pfiffigste, stärkste oder selbstbewußteste Jungtier wird sich schließlich als dominant erweisen.

„Ich bin der Boß!"

Gesträubtes Schwanzhaar

Das Sitzen auf der Hinderhand verleiht Überlegenheit

Fixieren macht den Rivalen unsicher

1 Drohstarren *(Links) Dieses Kätzchen starrt selbstsicher sein Geschwister an, so wie es später die Beute fixieren wird. Es verharrt reglos, um seine Absichten zu verbergen, bis schließlich einer der beiden Rivalen den anderen zwingt, eine Bewegung zu machen.*

2 Angriffsspiel *(Oben) Das halb aufgerichtete Kätzchen gibt sich überlegen und nimmt, wie die gesträubten Schwanzhaare verraten, das Spiel ernster als sein Geschwister, das weiter spielt. Das Kätzchen auf dem Boden hat keine Angst und wälzt sich herum. In diesem Fall ist der nach oben gedrehte Bauch eine typische Unterwerfungsgeste.*

Umkreisen
(Rechts) Diese Kätzchen umkreisen einander und beriechen dabei gegenseitig ihre Afterregion. Das ist eine unverkennbare Vorwegnahme der späteren Revier- und Rangauseinandersetzungen. Katzen, die sich kennen, beschnuppern sich gegenseitig an der Nase.

Abgewandte Augen signalisieren Unterwerfung

Der erhobene Schwanz zeugt von Selbstvertrauen

Entstehung einer Rangordnung

Auf den ersten Blick scheinen die Wurfgeschwister einträchtig und gleichberechtigt zusammenzuleben. Wenn es Essenszeit ist, scharen sich alle Kätzchen um ihre Mutter, ohne darauf zu achten, wer zuerst trinkt. Rangunterschiede sind bei Katzenkindern nicht so stark ausgeprägt wie bei Hundewelpen, aber eine Hierarchie bildet sich gleichwohl heraus. Beim Spielen ist die Rolle des dominanten Kätzchens fast beliebig austauschbar, doch die Tiere lernen sehr bald, daß sie andere dominieren können oder daß umgekehrt die Unterwerfung die praktischste Reaktion auf ein Geschwister ist, das das Spiel ernster nimmt.

3 Fluchtweg
(Unten) Plötzlich erkennt das spielende Kätzchen, daß sein Geschwister es ernst meint. Aus dem Spiel ist ein Rangstreit geworden, und mit ängstlich zurückgelegten Ohren zieht sich das »Spieltier« zurück. Das andere Kätzchen legt sich zwar hin, aber seine Ohrenstellung zeigt an, daß es den Sieg davongetragen hat.

Die nach vorn gerichteten Ohren fordern zum Spielen auf

Ängstlich nach hinten gewendete Ohren

Auftritt des Jägers

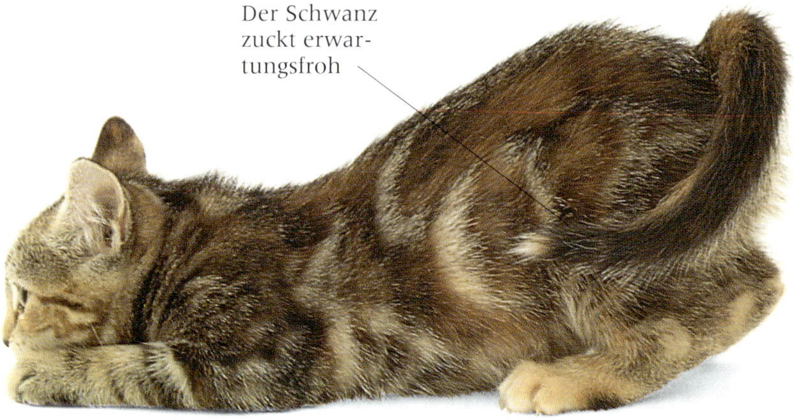

Manche Verhaltensforscher meinen, daß Spielverhalten und Jagd Ausdrucksformen desselben Instinkts seien. Dies erklärt jedoch nicht, warum Ihre Katze auf die Jagd geht und zugleich weiterhin wie ein Kätzchen spielt. Das Beutefangverhalten entwickelt sich, wenn das Kätzchen fünf Wochen alt ist. Jetzt trainieren die Jungtiere drei unterschiedliche Jagdmethoden: den »Mäusesprung«, das »Vogelhaschen« und das »Fischangeln« – und schon bald lernen sie, daß nicht nur auf dem Boden, sondern auch in der Luft etwas zu holen ist. Die meisten Kätzchen werden ausgezeichnete Mäusejäger, aber weil sie in vielen Gärten nicht genügend Deckung finden, entwickeln sich nur wenige zu perfekten Vogelfängern; ihre Auswirkung auf den Vogelbestand ist deswegen offenbar nicht nennenswert.

Anschleichen
(Oben) Dieser neun Wochen alte Jäger, der sich verstohlen an seine Beute heranpirscht, beherrscht bereits die Kunst des langsamen Anschleichens. Kätzchen beschleichen einander schon mit drei Wochen, und wenig später probieren sie es auch bei Gegenständen.

Du entkommst mir nicht!

Mäusesprung
(Rechts) Der steifbeinige Seitwärtssprung ist eine beliebte Fangtechnik, die hier von einem neunwöchigen Kätzchen mit einem Knopf vorgeführt wird. Es springt nicht hoch, sondern hinab auf das »Opfer«. Später wird es vermutlich diesen Beutesprung anwenden, um Nagetiere zu fangen.

Fischangeln
(Links) An einem Wollknäuel trainiert das Kätzchen den seitlich ausholenden Pfotenhieb, mit dem man einen Fisch aus dem Wasser angeln kann. Mit ausgefahrenen, griffbereiten Krallen langt die Pfote über die Schulter. Das Kätzchen braucht diese Bewegung nicht von der Mutter zu lernen, denn sie ist angeboren.

Vogelhaschen

Mit sechs Wochen ist dieses Kätzchen noch zu jung für die richtige Vogeljagd, aber mit fangbereit ausgefahrenen Krallen und gespreizter Pfote greift es nach dem Knäuel, das unverhofft in der Luft auftaucht. Wenn es älter ist, kann es aus dem Stand in die Luft springen, um Nachtfalter, Fliegen und sogar Vögel zu erhaschen.

Das Gleichgewicht halten

(Rechts) Mit sechs Wochen kann das Kätzchen das Gleichgewicht schon so gut halten, daß es mit beiden Vorderpfoten nach Gegenständen in der Luft langen kann, aber noch fehlt ihm die Muskelkoordination für einen erfolgreichen Sprung. Der gerade abgestreckte Schwanz erhöht die Standfestigkeit.

Heimbringen der Trophäe

(Unten) Die gefangene Beute muß weggetragen werden, auch wenn es nur ein Wollknäuel ist. Dieses Kätzchen bringt sein Spielzeug ins Nest, so wie die Mutter Mäuse für ihre Kinder heimschleppt.

Freundschaften über Artgrenzen hinweg

Ab der zweiten Lebenswoche kann ein Kätzchen Beziehungen zu Beutetieren (Hörnchen), Raubfeinden (Hund) oder Nahrungskonkurrenten (Fuchs) herstellen. Sofern es, ohne abgeschreckt zu werden, mit dem fremden Tier spielen und bei ihm Köpfchen- und Flankenreiben praktizieren kann, verlieren Rangordnung und Artschranken offenbar ihre Bedeutung. Solche Freundschaften können lebenslang dauern, aber die Phase, in der diese Bindungen möglich sind, ist kurz; sie umfaßt höchstens fünf Wochen.

Anfreunden mit dem Feind
(Links) Ohne Anzeichen von Angst klettert das Kätzchen auf den Hund, um bei ihm Wärme und Schutz zu suchen. Sanfte ausgewachsene Hunde oder Welpen unter 12 Wochen sind ideale Partner für solche frühen Sozialbeziehungen.

Erforschung der Unterschiede
(Unten) Dieses Kätzchen unterhält eine freundschaftliche Beziehung zu dem Fuchswelpen. Bis zur siebten Lebenswoche betrachtet das Kätzchen artfremde Tiere einfach als andere Kätzchen oder als Katzen, die anders riechen oder aussehen.

Neugieriges Schnuppern

Kritische Phase

Die ständige Angst, die eine Katze vor anderen Arten, etwa Füchsen oder Hunden, hat, und der angeborene Trieb, beispielsweise Mäuse oder Ratten zu jagen, bilden sich beim Kätzchen erst nach der siebten Lebenswoche heraus. Untersuchungen haben gezeigt, daß sechswöchige Kätzchen, die zusammen mit Ratten aufgezogen werden, sich später beharrlich weigern, Ratten derselben Art als Beute zu verfolgen. Kommt jedoch die erste Begegnung nach der siebten Woche zustande, vewandelt sich das Verhältnis in die übliche Jäger-Beute-Beziehung.

Hinterhand bereit zum Ausschlagen

Furcht vor dem Unbekannten

Ängstlich und zugleich neugierig untersucht das Kätzchen mit leicht gesträubtem Fell und hochgekrümmtem Rücken das Hörnchen. Bei kleinern Arten, die ungefähr Beutetiergröße haben, ist die Neugier besonders groß.

He, mein Freund – wollen wir spielen?

Spielerischer Rangkampf

(Unten) Kätzchen und Fuchswelpe tragen einen spielerischen Rangstreit genauso aus, wie es kleine Katzen untereinander tun. Hier täuscht das Kätzchen Aggressivität vor, indem es sich auf dem Boden wälzt, um seine Zähne und Krallen zu zeigen.

Scheinangriff

(Unten) Das Kätzchen greift das Hörnchen »im Scherz« an, doch es wird nicht zubeißen. Es ist unwahrscheinlich, daß es im späteren Leben jemals Hörnchen töten wird. Das Hörnchen hat keine Angst, da es zusammen mit Katzen aufgewachsen ist.

Das kräftige Gebiß wird eingesetzt, wenn es notwendig ist

Die Pupillen bleiben verengt, weil das Kätzchen keine Angst hat

Ohren ärgerlich nach hinten gedreht

Überlebenstraining

Katzenkinder erlernen den Beutefang von ihrer Mutter. Es ist eine lebenswichtige Fertigkeit für Wildkatzen, aber auch Ihre Wohnungskatze bringt ihren Kätzchen bei, wie man Beute aufspürt und jagt, obwohl Sie ihnen regelmäßige Mahlzeiten im Futternapf servieren. Als erstes müssen die Kätzchen lernen, potentielle Opfer zu identifizieren; deshalb bringt die Mutter anfangs tote Beutetiere heim. Dann müssen die Kleinen den Tötungsbiß erlernen; zu diesem Zweck kehrt sie mit lebender Beute zurück.

Zunächst sind die Kätzchen vielleicht noch mißtrauisch und ängstlich, doch schon bald bringen sie den Mut auf, das angebotene Beutetier zu jagen und zu fangen, mit dem sie ein Weilchen spielen, bevor sie es töten. Kätzchen, die von einer tüchtigen Jägerin aufgezogen werden, entwickeln sich meist ebenfalls zu tüchtigen Jägern, denn eine gute Lehrerin vermittelt ihnen spezielle Techniken. Doch auch ohne mütterliche Ausbildung können Katzenjunge geschickte Jäger werden.

Anschauungsmaterial
(Oben) Diese Mutterkatze hat soeben eine Maus getötet, die sie ihren Kindern zum Spielen bringen will. Ihre gespannte Haltung und die geweiteten Pupillen zeigen ihre Erregung an. Sie gibt den Kätzchen zu verstehen, daß sie mit Beute heimkehrt. Diese lernen schnell, die Lautäußerungen zu deuten, die ihnen verraten, ob die Mutter eine Maus oder eine gefährlichere, sich heftig wehrende Ratte gefangen hat.

Dieses Kätzchen berührt die Maus vorsichtig

Zur Identifizierung wird die Beute berochen

Genaue Untersuchung
Unter den wachsamen Augen der Mutter untersuchen die Kätzchen die tote Maus, die sie ihnen mitgebracht hat. Durch Nachahmung des mütterlichen Verhaltens lernen die Kleinen, wie man das Nagetier mit Hilfe aller Sinnesorgane gründlich inspiziert. Dessen Geruch wird sich ihnen unvergeßlich einprägen.

Mutter bringt mir alles bei, was ich wissen muß.

Einübung des Beuteverzehrs

(Rechts) Während die Mutter ein Kätzchen beleckt, um es abzulenken, konzentriert sich das andere auf die Maus. Es hält sie zwischen den Vorderpfoten und stößt sie mit den Hinterbeinen.

Beutespiel

Ungewohnte Beute veranlaßt das Kätzchen, mit ihr zu spielen, statt sie einfach zu töten und aufzufressen. Die alte Redensart, daß eine hungrige Katze mehr Mäuse tötet, stimmt nicht, denn Hunger motiviert nur die erfahrensten Jäger.

Fordernde Gebärde

Auf den Hinterpfoten stehend, bittet die Katzenmutter um ihr Futter. Indem das Kätzchen seiner Mutter zuschaut und zuhört, erlernt es ebenfalls die Bettelgeste und den Bettelruf. Durch die Domestikation ist aus der selbständig jagenden Wildkatze eine »aasfressende Bettlerin« geworden.

Selbständig werden

In freier Wildbahn, wo Jungkatzen nicht mit Menschen in Berührung kommen, entwickeln sie sich zu einsamen Jägern. Dort besteht kein Anreiz, die Gruppenaktivitäten des Kätzchenalters weiter zu pflegen. Die Selbständigkeit wird oft dramatisch durchgesetzt, wenn nämlich die Scheinaggressivität im frühen Spielverhalten die Rangordnung innerhalb des Wurfs bestimmt. Wenn Jungtiere 14 Wochen alt sind, komt es zu ernsthaften Auseinandersetzungen, obwohl die Kämpfer nur selten bleibende Schäden davontragen. Die Bande der Kätzchenzeit werden jetzt gesprengt, und der Wurf zerstreut sich. Die Jungkatze im Haus hält jedoch den engen Kontakt zu Ihnen aufrecht, weil sie in Ihnen einen Muttersersatz und keinen Wurfgefährten sieht.

„Du bist ein Konkurrent. Hau ab!“

1 Kampfspiel *Wenn die Kätzchen mit etwa neun Wochen ihre volle Beweglichkeit erlangt haben, beginnen sie das Aggressionsverhalten einzuüben. Mit ausgefahrenen Krallen richtet sich das dominante Kätzchen auf, bereit zum Zuschlagen. Das Geschwister legt sich hin und meint noch immer, der Angriff sei nur ein Spaß. Aber er ist echt, und das Spiel kann zu einem ernsthaften Kampf ausarten.*

Kampftraining

Die »Unabhängigkeitskämpfe« sind das letzte Training vor den Duellen, die geschlechtsreife Kater um den Revierbesitz oder das Paarungsrecht bei willigen Weibchen austragen. Sie sind auch eine Vorübung für Kätzinnen, die später vielleicht einmal ihren Nachwuchs oder ihr Territorium verteidigen müssen. In diesem Stadium setzt bei den weiblichen Jungtieren die Geschlechtsreife ein, und sie dulden dann weit weniger den Körperkontakt mit männlichen Wurfgeschwistern.

2 Nackenbiß
(Oben) Das unterwerfungsbereite Kätzchen erkennt plötzlich, daß sein Widersacher es ernst meint. Es springt hoch und geht zum Gegenangriff über, wobei es versucht, seine Zähne in den Nacken des Geschwisters zu schlagen.

3 Waffenstillstand
(Rechts) Im Alter von neun Wochen legen die Kätzchen Kampf- und Erholungspausen ein. Der Angreifer nimmt eine weniger aggressive Haltung ein, während das Geschwister ihn in Erwartung eines neuen »Waffengangs« kritisch beäugt.

4 Wiederaufnahme des Kampfs
(Rechts) Das anfangs dominante Kätzchen startet einen Überraschungsangriff auf sein Geschwister, das sich herumzuwälzen beginnt, um sich mit Krallen und Zähnen gegen die Attacke zu wehren.

Die erwachsene Katze

Wir wissen, daß Katzen bei einem Sechstel der Lichtmenge, die wir zum Sehen benötigen, noch sehen können, aber wir wissen nicht, ob sie die Dinge genauso sehen wie wir. Wir wissen, daß ihr Hörbereich sehr viel größer ist als der unsere, aber wir wissen nicht, wie diese hohen Töne, die wir nicht hören können, tatsächlich klingen. Wir wissen, daß Katzen spezielle Geschmacksknospen für Wasser besitzen, aber was schmecken sie tatsächlich?

Scharfe Augen
Da sich die Pupillen bei grellem Licht zusammenziehen, kann die Katze direkt in die Sonne schauen.

Abwechslungsreiche Kost
Viele Katzen lieben knuspriges Trockenfutter. Fertignahrung wird oft natürlicher Beute vorgezogen.

Viele Sinnesorgane der Katze verstehen wir, obwohl sie diese anders einsetzt als wir. Der Geruchssinn spielt beispielsweise bei der Nahrungsaufnahme eine wichtige Rolle, aber auch beim Liebesspiel, beim Beutefang, bei der Reviermarkierung und sogar bei der Defäkation. Das Putzen dient der Selbstreinigung, aber auch dazu, überschüssige Wärme vom Körper abzuführen oder Spannungen abzubauen. Der Gleichgewichtssinn ist bei der Katze besser ent-

Gegenseitige Körperpflege
Die rotgestromte Katze, die ihren Gefährten liebevoll putzt, ahmt eine Mutterkatze nach, die ihre Jungen säubert.

Katzennickerchen
Diese Katze scheint fest zu schlafen, aber ihr entgehen keine ungewöhnlichen Vorgänge oder Geräusche in ihrer Umgebung.

wickelt als bei den allermeisten Säugetieren. Katzen können mühelos klettern und auf dem Drahtseil wie auf einem breiten Bürgersteig wandeln. Und wenn sie doch einmal abstürzen, richten sie sich in der Luft auf und landen sanft mit den Füßen.

Katzen sind Weltmeister im Schlafen. Wir wissen, daß ihr Schlafverhaltensmuster dem unseren ähnelt und daß sie wahrscheinlich auch träumen wie wir. Ihr Werbe- und Paarungsverhalten ist allerdings höchst ungewöhnlich; es wird begleitet von lautstarken Jaultönen, Schreien und »Katergesängen«. Im Alter hingegen stellen sich Verhaltensänderungen ein, die lebhaft an menschliche Alterserscheinungen erinnern. Botschaften brauchen dann einfach länger, um zum Gehirn zu gelangen. Ältere Katzen, die uns ihr Leben lang gute Gefährten gewesen sind, haben unser mitfühlendes Verständnis verdient.

Katzenwäsche
Mit einer bespeichelten Pfote putzt diese Katze in ritualisierter Form ihr Gesicht.

Schleckerei
Im Gegensatz zu Hunden haben Katzen fast vollendete Tischmanieren. Diese Kätzchen schlecken ihre Milch auf, ohne einen Tropfen zu verspritzen.

Eßgewohnheiten

Katzen sind opportunistische Jäger. In der freien Natur fressen sie immer dann, wenn sie etwas Genießbares erbeuten oder finden. In menschlicher Obhut haben sich ihre Eßgewohnheiten jedoch stark verändert. Eine Hauskatze nimmt normalerweise täglich 10 bis 20 kleine Mahlzeiten zu sich, die sich über Tag und Nacht verteilen. Sie bekommt auch eine abwechslungsreichere Kost als ihre wildlebenden Verwandten, und obgleich hartes Futter nicht zur natürlichen Ernährung des Jägers gehört, haben viele Hauskatzen eine Vorliebe für bißfeste Trockenkost.

Keine Angst, ich fresse nur so viel, wie ich brauche.

Kätzchen fressen gern gemeinsam, da sie noch keinen Futterneid kennen

Die Mutter zerlegt das Futter in mundgerechte Happen

Verdauungshilfe
(Unten) Beim Fressen nimmt die Katze eine Kauerstellung mit bequem angezogenen Beinen ein. Der Schwanz wird um den Leib gelegt, damit er vor dem Drauftreten geschützt ist und das Tier sich ganz auf die Mahlzeit konzentrieren kann.

Friedliches Fressen
(Oben) Um ihren Kätzchen nicht ins Gehege zu kommen, speist die Mutter getrennt, indem sie sich ihr Futter aus dem Napf holt. Große Brocken zerteilt sie in kleinere Stücke, die sie dann einzeln verzehrt.

Durch Vorstrecken des Halses wird die Speiseröhre gerade ausgerichtet und das Abschlucken erleichtert

Die Zunge schiebt feuchtes Futter in das Maul

Trockenfutter

Diese Katze, der zum erstenmal Trockenkost serviert wird, steht ziemlich unschlüssig da, während sie die Häppchen inspiziert.

Sternförmige Häppchen sind begehrt

Reißzähne

Mit Hilfe ihrer rasiermesserscharfen Reißzähne zerkleinert die Katze große Futterbrocken, bevor sie sie verschlingt. Die kleinen vorderen Schneidezähne eignen sich gut zum Abschaben winziger Fleisch- oder Fischstückchen.

Mit seitlich geneigtem Kopf werden unerwünschte Futterbestandteile fallengelassen

Die großen Fangzähne ergreifen und zerreißen die Nahrung

Die weiter hinten liegenden Reißzähne zerkleinern das Fleisch

An der Milchschüssel

(Unten) Mit ihren beweglichen Zungen machen die Kätzchen vier oder fünf Schleckbewegungen, bevor sie schlucken. Sie sind mäkelige Trinker, die nichts verschütten.

Die löffelförmig gebogene Zunge schleckt die Milch rasch auf

Riechen und Schmecken

Die Katze hat in ihrer kleinen Nase doppelt so viele Riechzellen wie wir. Sie schnuppert, um Informationen über die Nahrung, andere Katzen oder potentielle Gefahren zu gewinnen. Am Geruch erkennt sie, ob ein Kater das Revier besitzt oder ob eine Kätzin rollig ist. Zum Futter wird Ihre Katze nicht durch den Geschmack, sondern den Duft hingezogen, und sie wird nie etwas probieren, ohne es vorher berochen zu haben. Ihre Geschmacksknospen sind empfindlich und können salzige, bittere und saure Reize unterscheiden, doch sie hat keine Sinneszellen, die auf süße Stoffe reagieren. Wenn Katzen scharf auf Schokolade sind, so ist das entweder auf falsche Erziehung oder auf züchterische Eingriffe zurückzuführen.

Katzenaphrodisiakum
Das Beschnüffeln von Katzenminze löst bei Ihrer Katze eine starke biochemische Reaktion aus. Der Duft wird vom Jacobsonschen Organ aufgenommen. Die Katze wälzt sich daraufhin lustvoll auf dem Boden. Dieser Erregungszustand ähnelt dem Sexualverhalten vor und nach der Paarung. Nur etwa die Hälfte aller erwachsenen Katzen neigt dazu, Katzenminze – oder auch Baldrian – zu beschnuppern, zu belecken oder zu kauen.

Mäkelige Esser

Katzen sind beim Fressen viel wählerischer als Hunde. Als echte Raubtiere teilen sie nicht gern das Essen mit uns, und in der Regel lehnen sie süße Leckerbissen ab. Katzen lassen sich vom Geruch des Futters anlocken, vor allem vom Fettgeruch des Fleisches. Mäusefleisch, ihre natürliche Nahrung, besteht zu 40 Prozent aus Fett.
Sobald der Geruch des Futters der Katze zusagt, beginnt sie zu fressen. Ihr empfindlicher Gaumen bevorzugt Nahrung mit einem hohen Anteil an Stickstoff und Schwefel, Bestandteilen der Aminosäuren, aus denen Fleisch besteht. Die Erinnerung an Gerüche wird im Gehirn gespeichert und bleibt lebenslang erhalten. Diese Gedächtnisinhalte sowie der ausgeprägte Geschmacks- und Geruchssinn dienen dem Selbstschutz, denn sie sorgen dafür, daß sich die Katze gesund ernährt.

Putzwerkzeug
Die Katzenzunge ist lang, muskulös und geschmeidig. Die schmirgelpapierrauhe Oberfläche wird bei der Fellpflege eingesetzt. Die Geschmacksknospen, darunter auch solche, die für Wasser empfänglich sind, sitzen vorne, seitlich und hinten.

Mit den nach hinten gerichteten Hornstacheln werden das Fell geputzt und Fleischreste von Knochen abgeraspelt.

Was gut riecht, schmeckt bestimmt auch gut.

Beim Schnüffeln gelangt Luft in das Jacobsonsche Organ

Einprägung von Düften
Mehrmals hintereinander kurz schnüffelnd, beriecht diese Katze ein Grasbüschel. Die Luft wird in das Jacobsonsche Organ eingesogen, eine spezielle Kammer im Mundhöhlendach. Diese Kammer, die hauptsächlich vom Kater zum Aufspüren von rolligen Kätzinnen benutzt wird, ist mit Sinneszellen ausgekleidet, die den Geruch einfangen. Der Geruch wird in elektrische Signale umgewandelt, die zum Gehirn weitergeleitet werden, das sie als Geruchserinnerungen speichert.

Untersuchung mit der Nase
Die Katze, angelockt durch die Bewegungen der Kröte, untersucht sie anschließend genauer durch Beriechen. Die meisten Katzen machen gerne Jagd auf Amphibien und bringen sie des öfteren ihren Besitzern als Geschenk mit heim. Sie fressen sie allerdings nur dann, wenn es unbedingt sein muß.

Das Schnüffeln ist eine nachhaltige Unterbrechung des normalen Atemvorgangs

Drastische Reaktion
Ein unangenehmer Geschmack löst bei der Katze einen starken Speichelfluß aus. Dadurch versucht sie, den Geschmack so schnell wie möglich loszuwerden. Auch Medikamente können diese Reaktion bei Ihrer Katze hervorrufen.

Balanceakt

Ich kann keine falsche Bewegung machen.

Die unheimliche Fähigkeit der Katze, immer auf den Füßen zu landen und dabei nicht die Balance zu verlieren, hängt unmittelbar mit ihrem guten Gehör zusammen. Im Innenohr befindet sich das aus Vorhof und Bogengängen bestehende Gleichgewichtsorgan, das mit Flüssigkeit, winzigen schwimmenden Kristallen und Millionen von Sinneshaaren ausgestattet ist. Diese senden Impulse aus, die die Katze veranlassen, sich in der Luft aufzurichten. Dem angeborenen Gleichgewichtssinn entspricht das scharfe Gehör der Katze, schärfer als das eines Hundes oder eines Menschen. Ihre Katze kann Töne so exakt erfassen, daß sie das Motorgeräusch Ihres Wagens von dem eines Autos desselben Typs zu unterscheiden vermag.

Der Kopf dreht sich zurerst

Die sehr bewegliche Wirbelsäule gestattet eine Drehung um 180 Grad

1 Orientierungsversuch

Die aus größerer Höhe durch die Luft segelnde Katze beginnt sich zu orientieren. Die vom Gleichgewichtsorgan ausgesandten ersten Botschaften bewirken die Drehung des Kopfes.

Die Hinterlaufmuskeln beginnen auf die »Drehanweisung« zu reagieren

2 Körperdrehung

Sobald Kopf und Ohren in die richtige Lage gedreht sind, kann die Katze ihre Position einschätzen. Sie dreht sich in der Taille und schwingt blitzschnell den Vorderkörper herum, um sich auf die Landung vorzubereiten, obwohl das Hinterteil noch immer himmelwärts weist.

Die Ohren können unabhängig voneinander gedreht werden

Die Augen fixieren eine Geräuschquelle

Ortung von Geräuschen

Beutetiere sind oft im hohen Gras verborgen. Durch Drehen der Ohren kann die Katze eine Geräuschquelle sehr genau orten und weiß nun, wo der Fangsprung erfolgen muß. Mit über 20 Muskeln kann die Katze die Bewegung jedes Ohres sehr genau kontrollieren.

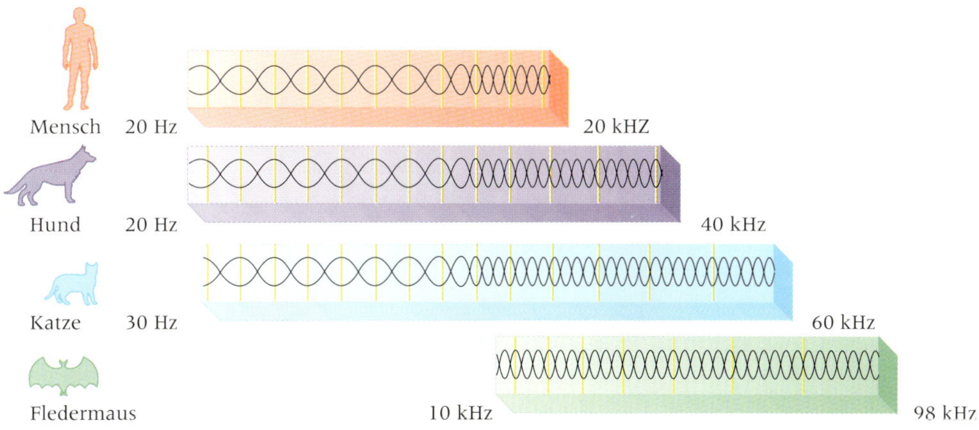

Hörbereiche

Im niedrigen Frequenzbereich küren Menschen, Katzen und Hunde fast gleich gut, aber Katzen nehmen hohe Töne viel besser wahr. Sie reagieren auf sehr hohe Menschenstimmen ebenso prompt wie auf das feine Quieken von Kätzchen oder Mäusen. Das »stumme Miauen«, ein für uns unhörbarer Ultraschall-Kontaktlaut, ist für Katzen durchaus wahrnehmbar.

Hervorragendes Gehör

Der Hörbereich Ihrer Katze umfaßt mehr als zehn Oktaven, und sie kann zwei Töne auseinanderhalten, die sich nur durch einen Zehntelton voneinander unterscheiden. Katzen können eine 1 m entfernte Schallquelle mit 75prozentiger Zuverlässigkeit auf 8 cm genau orten und sehr hohe Töne wahrnehmen, die für uns unhörbar sind.

Die taube Katze

Die blauäugige weiße Katze leidet an erblich bedingter Taubheit. Sie wendet den Kopf nicht in die Richtung einer Geräuschquelle und bewegt auch nicht die Ohren, um ein Geräusch zu orten. Weiße Katzen mit einem blauen und einem gelben Auge sind oft nur auf der blauen Seite taub.

Die Vorderbeine strecken sich nach vorn, um als erste aufzusetzen

3 Stoßdämpfung

In Bodennähe richten sich die Vorderläufe nach vorne. Da sie durch Knorpel mit dem Körper verbunden sind, fangen sie den Stoß auf und verhindern dadurch Verletzungen. Der Körper dreht sich weiter, weil Orientierungsbotschaften an die Hinterhand gesandt werden.

4 Landung auf den Vorderfüßen

Die Katze, die gleich mit den Vorderpfoten aufsetzen wird, blickt zuversichtlich dem Landeplatz entgegen. Ihre gesamte Muskulatur ist entspannt, denn gespannte Muskeln könnten eher reißen.

Die Vorderbeine dienen als Stoßdämpfer

Katzenaugen

Die Augen zählen zu den eigentümlichsten und faszinierendsten Merkmalen der Katze. Sie sind, wie es sich für einen solchen opportunistischen Jäger gehört, so konstruiert, daß sie eine größtmögliche Lichtmenge auffangen. Die Augenoberfläche, die Hornhaut, ist stark gewölbt und die Linse im Verhältnis zum gesamten Auge sehr groß. Bei schwachem Licht oder bei Erregung oder Angst weiten sich die Pupillen; in grellem Licht können sie sich ganz zusammenziehen, so daß Licht nur noch durch zwei Schlitze oben und unten einfällt.

Ich habe die Augen eines Jägers.

Schutz vor grellem Licht
(Oben) Mit ihren nadelstichfeinen Pupillenschlitzen kann die Katze in die Sonne sehen, ohne daß die Netzhaut Schaden nimmt. Die Muskeln der Regenbogenhaut können die Form der Pupille der jeweiligen Lichtmenge anpassen. Die in der Dunkelheit fast runde Pupille verwandelt sich bei hellerem Licht in ein Oval. Bei starkem Lichteinfall schließt sie sich in der Mitte, so daß nur zwei winzige Schlitze übrigbleiben.

Sehen in der Dunkelheit
(Unten) Im Dämmerlicht werden die Pupillen der Katze fast kreisrund, um möglichst viel Licht in das Auge einzulassen. Im Gegensatz zur gängigen Meinung können Katzen in völliger Finsternis auch nicht besser sehen als wir, aber ihre Augen funktionieren noch bei sehr schwachem Lichteinfall. Das befähigt die Katze, in der Dämmerung und nachts auf die Jagd zu gehen.

Die stark geweiteten Pupillen sind fast kreisrund

Glühende Augen
(Unten) Katzenaugen leuchten grün oder golden, wenn Licht von den spiegelnden Zellschichten hinter der Netzhaut zurückgeworfen wird. Diese Zellen verbessern das Dämmerungssehen der Katze, indem das reflektierte Licht erneut die Netzhaut reizt.

Sehvermögen der Katze

Sehvermögen des Menschen

Was Ihre Katze sieht

Katzen sehen Grün und Blau, nicht aber Rot. Das ist kein wesentlicher Nachteil, denn die Beute wird am Geruch und Geschmack und nicht an der Farbe erkannt. Die Katze stellt die Mitte des Bildes scharf ein, während die Randzone leicht verschwommen bleibt. Die Abbildungen veranschaulichen die Unterschiede zwischen dem, was wir sehen (oben rechts), und dem, was die Katze sieht (oben links). Die Katze kann sich schnell bewegende Objekte deutlich erfassen, weil sie ihren Kopf, im Unterschied zu Hunden oder Menschen, selbst im Sprunglauf waagrecht hält.

Dramatische Pupillenerweiterung

Wenn die Flucht- oder Kampfreaktion ausgelöst wird, weiten sich die Pupillen der Katze. Dies ergibt ein größeres Gesichtsfeld und ermöglicht es der Katze, eine etwaige Gefahr besser zu erkennen.

Räumliches Sehen

Wenn sich die beiden Sehfelder überlappen, entsteht ein räumliches Bild. Das dreidimensionale (binokulare) Sehen ist für Beutejäger lebenswichtig und befähigt sie, Entfernungen genau abzuschätzen.

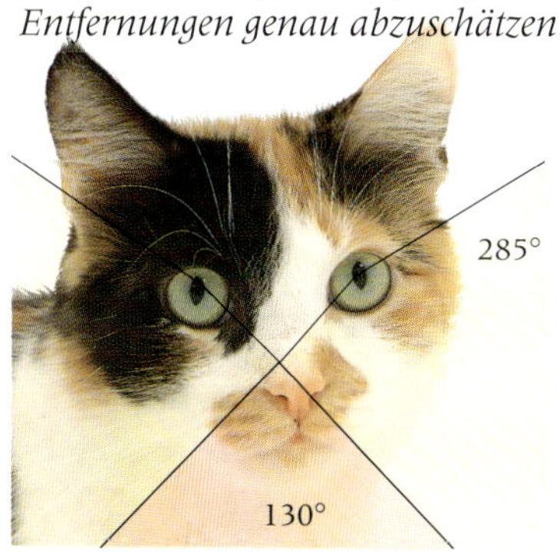

Gesichtsfeld der Katze

Bei nach vorn gerichteten Augen sind 130 der insgesamt 285 Grad des Gesichtsfeldes binokular.

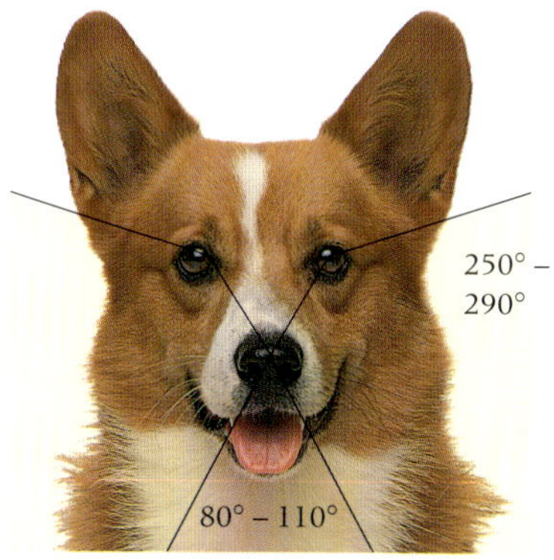

Gesichtsfeld des Hundes

Bei den seitlich sitzenden Augen umfaßt der binokulare Bereich bis zu 110 Grad.

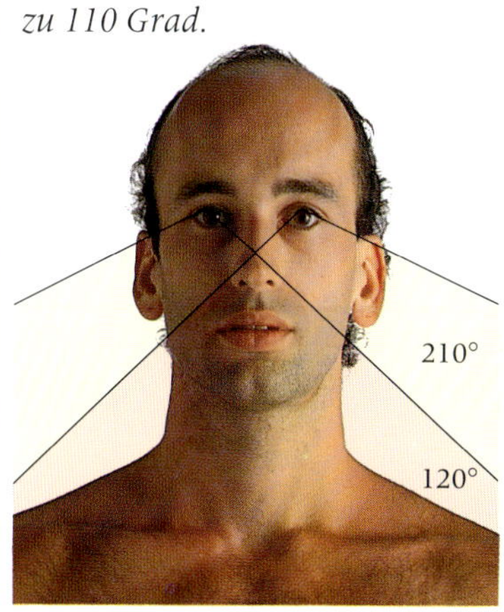

Gesichtsfeld des Menschen

Trotz des kleineren Gesichtsfeldes ist unser binokulares Sehen gut.

Tasten und Berühren

Unablässig benutzt die Katze ihren hochentwickelten Tastsinn, um sich über ihre Umwelt zu informieren. Die raffiniertesten Tastrezeptoren sind in den Schnurrhaaren enthalten, die über die Körperbreite hinausragen und es dadurch der Katze ermöglichen, sich selbstsicher zu bewegen. Aufgrund der von den Schurrhaaren aufgenommenen Informationen kann sie beispielsweise entscheiden, ob sie durch eine enge Spalte hindurchkommt oder nicht. Andere Tastrezeptoren am Körper reagieren auf Druck oder Strukturen, etwa auf die streichelnde Hand oder die Bodenbeschaffenheit. Über den ganzen Körper der Katze sind Rezeptoren verteilt, die Wärme oder Kälte wahrnehmen. Ihre Vorliebe für die Wärme eines Feuers oder Heizkörpers stammt möglicherweise von ihren Ahnen, die in Nordafrika heimisch waren.

„Ich kenne dich – reiben wir also die Nasen aneinander!"

Ein warmes Plätzchen
Katzen lieben Wärme und können sehr viel höhere Temperaturen ertragen als wir. Wir fühlen uns bereits unwohl, wenn unsere Hauttemperatur 44 °C übersteigt, aber Ihre Katze spürt erst dann Unbehagen, wenn ihre Hauttemperatur auf 52 °C ansteigt.

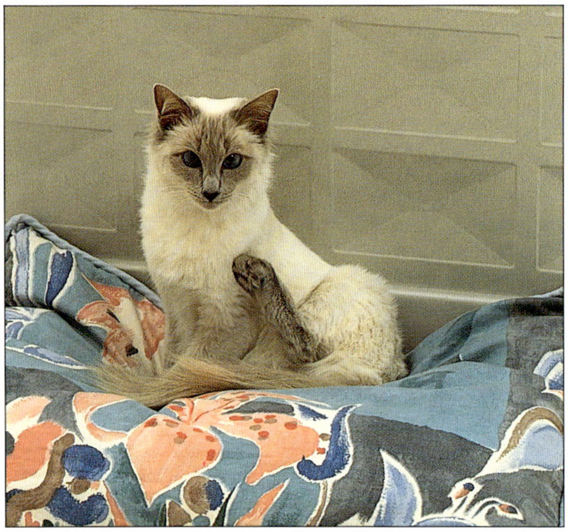

Nasenkontakt
(Rechts) Das Kätzchen begrüßt eine ihr bekannte Katze, indem es deren Nase beschnüffelt. Die Tastrezeptoren auf der Nase sind schon bei der Geburt ausgebildet und helfen dem Katzenbaby, seine Mutter zu finden.

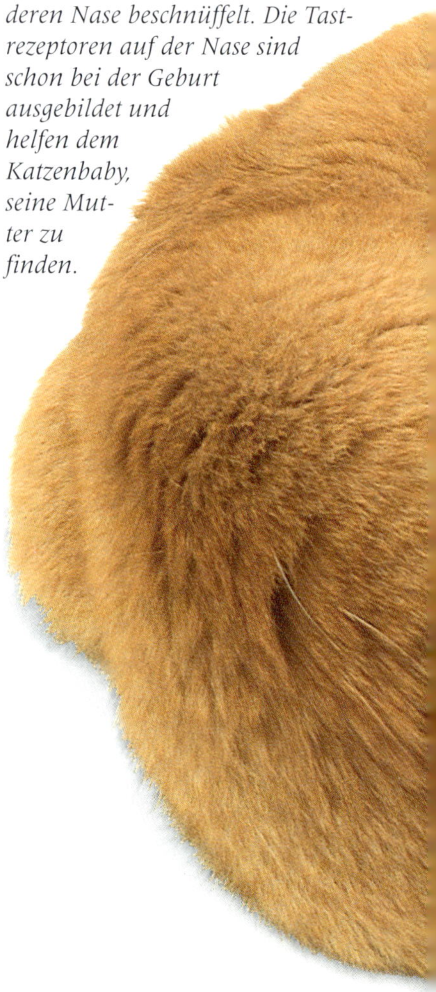

Hochempfindliche Tasthaare
Jedes Tasthaar über den Augen, an den Ellbogen und auf der Oberlippe Ihrer Katze wurzelt in einer Vielzahl von Nervenenden. Wenn diese spezialisierten, fühlerartigen Haare an einem Gegenstand vorbeistreichen, werden Botschaften ans Gehirn gesandt. Sogar Luftbewegungen spürt die Katze, und in der Nacht benutzt sie ihre Schurrhaare, um sich zurechtzufinden und nirgendwo anzuecken. Wenn sie ihre Schnurrhaare verliert, kann es passieren, daß sie in der Finsternis immer wieder gegen Hindernisse stößt; aber das Problem geht vorüber, da bald ein neuer Schurrbart nachwächst.

Bedeutung des Tastsinns

Die Katze ist stärker als die allermeisten Haustiere darauf angewiesen, ihre Umgebung mit dem Tastsinn zu erkunden. Ihm kommt vermutlich auch von allen Sinnen die größte Bedeutung für die Entwicklung des Sozialverhaltens zu. Doch so wichtig das Tasten für das Lernen ist, für eine gesunde seelische Entwicklung ist das »Betastetwerden« noch wichtiger. Katzen, denen der Körperkontakt versagt ist, werden ängstlich und scheu. Sie hocken still herum oder kompensieren vielleicht das Entbehrte durch übermäßige »Putzsucht«.

Raumorientierung

Mit ihren Schnurrhaaren kann die Katze abschätzen, ob sie ihren geschmeidigen Körper durch die enge Zaunlücke hindurchzwängen kann oder nicht. Sobald der Kopf hindurch ist, richtet sie die Schnurrhaare nach unten, um die Unterlage zu ertasten.

Die abgewinkelten Schnurrhaare ertasten die Unterlage

Behutsame Erkundung mit den Rezeptoren auf dem Nasenspiegel

Eitel Wonne

(Unten) Das Kätzchen genießt die Wärme und Geborgenheit auf dem Schoß des Mädchens. Wenn es älter wird, wird es nicht in dieser Lage verharren oder sich den Bauch kitzeln lassen; es fühlt sich dann allzu ungeschützt.

Das Kätzchen nimmt eine entspannte Rückenlage ein

Körperpflege

Komplettreinigung
Die Katze, eine geborene Akrobatin, streckt ihren Hinterlauf in die Luft und verdreht ihren Körper, um sich überall zu putzen. Sie bringt das verfilzte oder verschmutzte Fell in Ordnung, und gleichzeitig werden durch die Putzaktion die Duftdrüsen im Afterbereich stimuliert.

Die Fellpflege ist nicht bloß eine Sache der persönlichen Hygiene, sie ist zugleich ein Reflexverhalten. So wie Sie sich manchmal in Gedanken am Kopf kratzen, verspürt wohl auch Ihre Katze den Drang, sich zu putzen. Gewöhnlich putzt sie sich, wenn sie entspannt ist, aber es kann auch eine Panikhandlung sein. Die häufige Körperpflege hält das Fell makellos sauber und trägt außerdem, durch Verdunstung des aufgebrachten Speichels, zur Regulierung der Körpertemperatur bei.

Gesichtswäsche
(Rechts) Beim Waschen des Gesichts folgt Ihre Katze einem festen Ritual. sie trägt Speichel auf die Innenseite der Vorderpfote auf, die dann mit einer kreisenden Bewegung von hinten nach vorne über die jeweilige Gesichtshälfte wischt.

Die rauhe Zunge kämmt das Fell

Sauber von Kopf bis Schwanz
Dank ihrer beweglichen Wirbelsäule kann die Katze fast jeden Körperteil mit der Zunge erreichen. Indem sie den Kopf um fast 180 Grad dreht, knabbert sie Schmutzteilchen und abgestorbene Hautschuppen vom Rücken ab. Die Reihenfolge, in der sie bei der Körperwäsche vorgeht, ist beliebig.

Gründliche Katzenwäsche

Die Katze ist von Natur aus reinlich. Sie benutzt nicht nur instinktiv einen bestimmten Platz als Toilette, sondern nimmt es auch mit der Fellpflege sehr genau. Durch das Belecken regt sie die Hautdrüsen zur Ausscheidung eines Öls an, das ihr Fell wasserabstoßend macht. Mit der borstigen Zunge entfernt sie lose und abgebrochene Haare und Verfilzungen, und mit den winzigen Schneidezähnen benagt sie sonstigen Schmutz. Langhaarkatzen benötigen zusätzliche Pflegemaßnahmen. Die feinen Haare verfilzen leicht und bilden dann oft häßliche Knoten.

Gegenseitige Fellpflege
Dieses Kätzchen leckt seine Mutter hinter den Ohren und liefert damit eine praktische Lösung für ein anatomisches Problem. Die Mutter liegt mit geschlossenen Augen völlig entspannt da, während ihr Kind sie putzt. Die gegenseitige Körperpflege trägt auch zur Festigung der Mutter-Kind-Bindung bei.

Sauber und gepflegt fühl' ich mich wohl.

Letzte Hand anlegen
Für den letzten Waschgang trägt die Katze Speichel auf die Pfote auf und fährt sich damit über die Augen. Wenn Ihre Katze sich putzt, nachdem Sie mit ihr geschmust haben, genießt sie vielleicht Ihren Duft, oder, was wahrscheinlicher ist, sie überdeckt einfach Ihren Geruch mit dem eigenen.

Mit gesenktem Kopf langt sie hinter ihre Ohren

Putzen hinter den Ohren
Zum Abschluß der großen Wäsche wird die Pfote hinter die Ohren geführt. Ihre Katze läßt sich gern auf dem Kopf streicheln, weil sie diese Stelle mit der Zunge nicht erreichen kann.

Augenwischerei mit der Pfote

Der Schwanz wird um den Leib gelegt, damit ihm nichts passiert

Katzenschlummer

Die Katze schläft ungefähr 16 Stunden am Tag, fast doppelt so lange wie die meisten anderen Säugetiere. Warum Katzen so viel schlafen, ist noch nicht restlos geklärt. Sie schlummern offensichtlich am liebsten tagsüber und sind am frühen Morgen und am späten Abend, wenn die Jagd am ergiebigsten ist, für gewöhnlich munter. Nach dem Aufwachen folgt üblicherweise ein Ritual, das aus Gähnen, Strecken und Putzen besteht.

Es gibt nichts Schöneres als 40 Nickerchen pro Tag.

Gähnen

Beim sanften Erwachen gähnt die Katze herzhaft, um die Kiefermuskeln zu dehnen. Bei vielen Tierarten ist Gähnen ein Zeichen von Nervosität, aber offenbar nicht bei der Katze.

Die Zunge wird beim Gähnen eingebogen

Die flexible Wirbelsäule wird voll gedehnt

Nach hinten gebogene Hinterläufe

Die Krallen werden beim Strecken ausgefahren

Strecken

Nach dem Anheben des Hinterteils reckt sich die Katze nach vorne, um die Muskulatur der Vorderbeine, der Krallen und des Halses zu strecken. Die Blutzirkulation in den Gliedmaßen und der Tastsinn werden wieder aktiviert.

Der Schwanz geht beim Hochwölben des Rückens nach oben

Rückengymnastik

Nach dem langsamen Aufwachen setzt die Katze die Pfoten eng nebeneinander und streckt die Hinterläufe. Der elegante Streckbuckel ist eine Muskelübung. Die Katze muß ihren zierlich gebauten Körper immer fit halten, damit sie ihm jederzeit die kurzen Energieschübe abverlangen kann, die ein Jäger braucht.

Behaglicher Schlummer

(Rechts) Diese Kätzchen schlummern gemeinsam und genießen ihre Körperwärme und die Geborgenheit im Körbchen. Wenn sie älter werden und die soziale Bindung zwischen ihnen zerbricht, schlafen sie lieber allein. Als Schlafgelegenheit werden sie sich aber weiterhin ein warmes, sicheres Plätzchen aussuchen, etwa eine Schublade oder auch Ihr Bett.

Putzbedürfnis
Zum Abschluß des Streckrituals putzt sich das Kätzchen – eine Angewohnheit, die unserer Morgentoilette entspricht.

Schlafrhythmen

Der Schlaf ist kein passiver Zustand. Wenn Ihre Katze eindöst, macht sie zuerst eine Phase leichten Schlafes durch, aus dem sie mühelos aufgeweckt werden kann. Etwa 10 bis 30 Minuten später erschlafft ihr ganzer Körper; ihre Körperhaltung verändert sich, und sie verfällt in eine Tiefschlafperiode. Im Tiefschlaf zuckt sie vielleicht mit den Pfoten oder den Schnurrhaaren. Mit ziemlicher Sicherheit träumt sie dann, und nach dem Umfang ihrer Hirnstromtätigkeit zu schließen, ist ihr Geist ebenso aktiv wie im Wachzustand. Nach ungefähr siebenminütigem Tiefschlaf folgt wieder eine Leichtschlafphase. Dann wiederholt sich dieser Zyklus.

Die geschlossenen Augen verraten, daß die Katze keine Angst hat

Wohlige Entspannung
(Rechts) Diese Katze zeigt keinerlei Angst vor Menschen, weil sie unter ihnen aufgewachsen ist. In den Armen des Mädchens schläft sie glücklich ein. Sie betrachtet das Kind als eine Ersatzmutter, und deshalb genießt sie den engen Körperkontakt.

Partnerwahl

Vom Menschen arrangierte Hochzeiten sind heute bei fast allen Rassekatzen die Regel, aber in der Natur ist es das Vorrecht der Kätzin, einen Partner zu wählen. Die Kater tragen manchmal blutige Duelle um eine paarungswillige Katzenfrau aus, doch es kommt nicht selten vor, daß sie sich für den Verlierer entscheidet. Weibliche Katzen durchleben normalerweise mehrmals im Jahr zehntägige Brunst- oder Rolligkeitsphasen, die durch die Tageslichtzunahme im Spätwinter oder zu Frühlingsanfang ausgelöst werden. Katzen, die in der Wohnung bei künstlichem Licht gehalten werden, können das ganze Jahr über sexuell aktiv sein. In der empfängnisbereiten Zeit macht die Kätzin eine »Persönlichkeitsveränderung« durch; sie wird liebebedürftig und lasziv.

1 Signale der sexuellen Bereitschaft

Diese Kätzin, die sich so aufreizend auf dem Boden wälzt, zeigt ihre Paarungsbereitschaft an. Dabei strampelt sie mit den Vorderpfoten und stößt lautstarke Schreie aus. Selbst die zurückhaltendsten Katzen gebärden sich in der Rolligkeit ebenso enthemmt. Unerfahrene Katzenhalter meinen dann oft, ihr Schützling sei krank.

Ich bin bereit!

Er nähert sich, meidet aber den Blickkontakt

Sie behält ihn im Auge für den Fall, daß er zu aufdringlich wird

Der Körper ist entspannt, aber noch nicht paarungsbereit

2 Zögernde Annäherung

Während der Kater vorsichtig näher kommt, wobei er den Blickkontakt meidet und sanfte gurrende Laute von sich gibt, wälzt sich die Kätzin weiterhin und schreit immer wieder. Er reibt seinen Kopf an Stellen, wo sie sich gewälzt oder gerieben hat, aber hütet sich, sich ihr zu schnell zu nähern. Wenn er es doch tut, richtet sie sich womöglich auf, um ihn zu schlagen oder wegzulaufen.

3 Abbau der Spannung

(Oben) Der mutiger gewordene Kater beginnt die Kätzin hinter den Ohren zu putzen, um sie zu beruhigen und die Wahrscheinlichkeit einer aggressiven Reaktion auf seine Avancen zu verringern. Obwohl sie in diesem Stadium passiv wirkt, geht die Paarungsinitiative allein von ihr aus, und es ist jederzeit möglich, daß sie ihre Einladung zurücknimmt.

Schwanz zur Seite abgebogen

Mit den Hinterläufen wird die Kruppe angehoben

4 Sexuelle Erregung
(Oben) Verführt durch sein Putzlecken, dreht sich die Kätzin herum und streckt sich. Sie hebt ihr Hinterteil an und bewegt den Schwanz zur Seite – eine Einladung zur Begattung. In dieser Haltung legt sie die Vorderpfoten bis zu den Ellbogen auf den Boden, um nicht den Halt zu verlieren. Wenn der Kater ihr nicht völliges Vertrauen einflößt oder sie unaufgefordert berührt, wird sie ihn vielleicht zurechtweisen.

Der erfahrene Kater bewahrt seine würdevolle Ruhe

Der gelöste Gesichtsausdruck besagt, daß ein Begattungsversuch möglich ist

5 Bestätigung der Bereitschaft
(Unten) Durch Beschnüffeln der Hinterpartie nimmt der Kater den Duft ihrer Scheidenabsonderung und ihres Harns in sein Jacobsonsches Organ auf, um sich zu vergewissern, daß sie empfängnisbereit ist. Das Paarungsspiel ist eine langwierige Angelegenheit, doch die Begattung selbst wird nur kurz sein.

Die nach vorne gerichteten Ohren drücken Argwohn aus

Das Paarungsspiel

Katzen kennen keine Paarbindung. Nach der Begattung kümmert sich die Kätzin nicht mehr um den Kater. Sie ist von Natur aus nicht monogam, und wenn mehrere annehmbare Kater verfügbar sind, kann sie sich mit allen paaren. Bei den Katzen wird, anders als bei den meisten Haustieren, die Ovulation induziert, d.h., die Kopulation bewirkt die Hormonveränderungen, welche die Freisetzung von Eizellen auslösen. Deswegen ist die Wahrscheinlichkeit, daß Eier befruchtet werden, um so größer, je mehr Paarungen stattfinden.

Maul zum Nackenbiß geöffnet

6 Einnahme der Position
Mit den nach hinten gewendeten Ohren wirkt die Kätzin beim Beginn der Paarung ängstlich. Der Kater steigt vorsichtig auf und öffnet das Maul, um sofort ihren Nacken packen zu können, falls sie ihn anzugreifen versucht.

Die nach vorn gerichteten Ohren sind ein Zeichen der Konzentration

7 Penetration
Der über der Kätzin stehende Kater »trampelt« mit den Hinterbeinen und vollführt dann einige wenige Beckenstöße. Die Kopulation ist nach wenigen Sekunden beendet, doch er hält die Partnerin fest am Nacken gepackt, um zu verhindern, daß sie plötzlich auf ihn losgeht.

8 Rückzug
Die Kätzin schreit laut auf, wenn sich der Kater zurückzieht. Die hakenförmigen Hornstacheln auf dem Penis reizen die Scheide und stimulieren dadurch die nervöse und hormonale Kettenreaktion, die in der Ovulation kulminiert.

Hinterbeine nach hinten durchgebogen

Wiederholte Begattung

Die Paarung kann in einer Stunde bis zu zehnmal wiederholt werden. Sie ist erst beendet, wenn der Kater erschöpft ist, doch er kann durchaus von einem anderen Freier ersetzt werden. Oft warten mehrere Kater geduldig, bis sie an die Reihe kommen. Zu Beginn der Paarung macht ein Kater der Kätzin Avancen, wird aber häufig zurückgewiesen. Nach wiederholten Kopulationen lockt sie mit aufreizenden Gebärden einen anderen Partner an. Die Eier werden 24 Stunden nach erfolgreichen Begattungen von den Eierstöcken freigesetzt.

9 Männliche Vorsicht

Sobald die Kätzin ihren Paarungsschrei ausstößt, läßt der Kater von ihr ab und entfernt sich. Häufig schlägt sie nach ihm, wenn er den Nackenbiß löst.

10 Gemeinsame Entspannung

(Links) Nach der Paarung gestattet die Kätzin dem Kater, sich neben sie zu setzen. Die beiden putzen sich zur Vorbereitung auf eine neue Kopulation.

Kastration

Zwischen männlichen und weiblichen Katzen bestehen mehrere feine Verhaltensunterschiede. Nicht kastrierte Kater sind meist destruktiver und aktiver als Kätzinnen. Diese sind im allgemeinen verspielter, freundlicher, zärtlicher und reinlicher als ihre männlichen Artgenossen. Kater streifen in großen Revieren umher und markieren sie häufig mit ihrem stechend riechenden Urin. Sie kämpfen um ihr Revier und um das Recht, sich mit den darin aufkreuzenden Weibchen zu paaren. Die Kastration kann das Bedürfnis des Katers, umherzustreunen, zu spritzen und zu kämpfen, verringern, aber sie beeinflußt diese Verhaltensweisen nicht immer im gleichen Maße. Kater, die vor der Pubertät kastriert werden, entwickeln keine sekundären Geschlechtsmerkmale, doch wenn sie erst nach der Geschlechtsreife kastriert werden, bleiben alle diese Merkmale erhalten.

Durch die »dicken Backen« wirkt der Kater größer

Schützende dicke Nackenhaut

Kater
(Links) Sekundäre Geschlechtsmerkmale – z.B. ausgeprägte Backenbehaarung und dicke Nackenhaut – sind bei diesem nicht kastrierten Kater entwickelt. Wird ein Kater vor der Pubertät kastriert, bildet sich nicht die volle »Mähne« aus.

Unkastrierte Kätzin
(Oben) Bei der Kätzin sind Gesicht und Knochenbau in der Regel zierlich. Ihr schlanker Körper ist zudem erheblich kleiner als der eines Katers. In manchen Rassen werden die weiblichen Tiere nur halb so groß wie die männlichen.

Kastrierter Kater
(Unten) Die Kastration scheint keinen nennenswerten Einfluß auf die Reizbarkeit oder Zerstörungssucht der Kater zu haben. Wenn ein Kater unerwünschte geschlechtsspezifische Verhaltensweisen zeigt, erweist sich die Kastration nach der Entwicklung dieses Verhaltens als ebenso wirksam wie vor dem Auftreten der Probleme.

Kastrierte Kätzin
(Oben) Die Kastration wirkt sich auf das weibliche Verhalten weit weniger drastisch aus als auf das männliche. Unkastrierte Kater und Kätzinnen unterscheiden sich deutlich in ihrem Verhaltensrepertoire. Nach einer Kastration ähnelt beider Verhalten eher dem der unkastrierten Kätzin als dem des unkastrierten Katers. Die Kastration schwächt den Drang zum Umherstreifen ab, und deshalb neigen alle kastrierten Katzen dazu, sich innerhalb der Grenzen ihres Heimatreviers im Garten aufzuhalten.

Kastrationsfolgen

Wenn ein Kater geschlechtsreif wird, setzt die regelmäßige Produktion der männlichen Hormone ein. Die sekundären Geschlechtsmerkmale beginnen sich zu entwickeln. Dazu gehören der scharfe Uringeruch zur Reviermarkierung und Verhaltensformen wie die geschlechtsbezogene Aggressivität. Die Kätzinnen zeigen hingegen nur dann spezifische Verhaltensveränderungen, wenn sie rollig sind, weil in dieser Zeit große Mengen des Geschlechtshormons ausgeschüttet werden. Während die Kastration also das männliche Verhalten nachhaltig dämpft, benimmt sich die kastrierte Kätzin ständig wie eine weibliche Katze außerhalb der Brunstzeit.

Das Älterwerden

Wenn Ihre Katze älter wird, stellen Sie wahrscheinlich fest, daß sich ihr Temperament verändert. Manche Tiere werden grantig und reizbar, andere dagegen liebevoller und anhänglicher. Das Alter kann sich auch auf den Appetit Ihrer Katze auswirken – sie entwickelt vielleicht eine Vorliebe für bestimmte Futtersorten oder möchte häufiger oder weniger häufig gefüttert werden.

Verlangsamte Reaktionen

Im Alter brauchen die Nervenimpulse länger. Manchmal können die zuerst ankommenden Botschaften vorübergehend das gesamte System blockieren. Das hat zur Folge, daß das Gehirn im Zeitlupentempo zu arbeiten scheint und daß Ihre Katze nicht mehr so schnell reagiert wie früher. Dadurch werden Unfälle wahrscheinlicher. Die Katze neigt außerdem zu Reaktionen, die Sie nicht von ihr gewohnt sind, denn sie verhält sich eher wie eine Wildkatze. Sie wird Ihnen womöglich einen Tatzenhieb versetzen, wenn Sie sie streicheln. Das liegt nicht daran, daß Sie sie provoziert hätten – sie hat einfach ihr »erlerntes« Verhalten vergessen, und ihre natürlichen Instinkte schlagen wieder durch.

Das Gehör läßt nach

Das Haarkleid verfilzt zunehmend, weil der Katze das Putzen schwererfällt

Altern in Würde

Die altersbedingten Veränderungen sind leider unvermeidlich, aber die älter werdende Katze kann Ihnen noch genauso viel Freude machen wie damals, als sie noch ein Kätzchen war. Sie müssen sie nunmehr ihrem Alter entsprechend behandeln. Beispielsweise dürfen Sie sie nicht unnötig stören, wenn sie schläft. Überlassen Sie ihr die Entscheidung, wann sie gestreichelt werden möchte. Reduzieren Sie die Eiweißmenge in ihrem Futter, denn sie braucht jetzt nicht mehr so viel Energie, und ihre Nieren sind weniger leistungsfähig. Eine richtig betreute Katze sollte ein Alter von 15 oder mehr Jahren erreichen.

Ich muß mich damit abfinden, daß ich nicht mehr die Jüngste bin.

Gewichtszunahme

(Links) Dieser Rote Perser hat im Alter ein paar Pfündchen zugelegt. Auch sein Fell verfilzt, weil er sich nicht mehr so gut putzen kann. Übergewicht ist jedoch bei einer gesunden Katze ungewöhnlich. Im Gegensatz zu Hunden neigen Katzen nicht zur Freßsucht, doch sie können von ihrem Besitzer unabsichtlich dazu erzogen werden.

Gewichtsabnahme

(Rechts) Mit fortschreitendem Alter ist diese Katze ziemlich abgemagert. Infolge einer Überfunktion der Schilddrüse werden Katzen manchmal hyperaktiv, was zu einer drastischen Gewichtsabnahme führen kann.

Das Augenlicht beginnt nachzulassen

Die vorstehenden Schulterknochen zeigen einen allmählichen Gewichtsverlust an

Das Haarkleid lichtet sich stellenweise

Die Zähmung der Katze

Gestromtes Fell
Die gestromte Tabbyzeichnung herrscht in vielen Teilen der Welt vor, am auffälligsten in Großbritannien.

Es gibt nur wenige Unterschiede zwischen der Hauskatze in unserer Wohnung und ihrer Stammform, der nordafrikanischen Falbkatze. Beiden gemeinsam ist das gleiche elementare Verhaltensrepertoire, das allerdings unterschiedlich stark ausgeprägt ist.

Erst in den letzten Jahren haben wir Menschen zielstrebig in die Fortpflanzung der Katzen eingegriffen. In den früheren Jahrhunderten haben unsere Vorfahren, indem sie bestimmte Katzen auf Weltreisen mitnahmen, unwissentlich zur Entstehung von Rassen oder Regionalformen beigetragen. Katzen mit überzähligen Zehen sind zum Beispiel im Nordosten der Vereinigten Staaten häufig, weil einige der ersten Tiere, die von englischen Siedlern mitgebracht wurden, dieses genetische Merkmal aufwiesen und sich miteinander paarten. Durch gezielte Zuchtwahl schaffen wir inzwischen Rassen nicht nur mit unterschiedlichem Erscheinungsbild, sondern auch mit verschiedenerlei We-

Seltenheitswert
Das langhaarige Fell der Perserkatze ist das Resultat eines genetischen Zufalls, der verewigt wurde, weil wir das Langhaar wunderbar finden.

Temperamentsunterschiede
Langhaarige Katzen sind zumeist ruhiger und zurückhaltender als andere Rassen.

Verhaltensmuster
Kompakte, schwere Katzen wie dieser rotgestromte Kater sind in Europa weit verbreitet. Ihre Pendants in Nordamerika sind gestreckter, schlanker und extrovertierter.

sensmerkmalen. Die langhaarigen Perserkatzen entstanden in der östlichen Türkei, im Irak und Iran, werden aber heute in der ganzen Welt gezüchtet. Sie sind ruhiger und weniger aufdringlich als die meisten Kurzhaarrassen. Am anderen Ende des Spektrums findet sich die immer beliebter werdende Burmakatze, die bis vor weniger als 50 Jahren nur auf ein kleines Gebiet in Südostasien beschränkt war. Heute trifft man diese temperamentvolle, anhängliche und lautstarke Kurzhaarkatze überall in Europa, Australasien und Amerika an.

Neue Rassen wie die sanfte Ragdoll und Burmilla oder die selbstbewußtere Devon Rex werden gleichfalls immer populärer. Die Zuchtgeschichte einer Katze ist ein entscheidender Faktor ihrer Persönlichkeitsbildung; das sollten Sie berücksichtigen, wenn Sie sich eine Katze aussuchen, die zu Ihnen und zu Ihrer häuslichen Umgebung passen soll.

Der kleine Unterschied
Eine solche unkastrierte Kätzin ist weniger aggressiv, reinlicher und menschenfreundlicher als ein unkastrierter Kater.

Neue Rassen
Die Burmakatze, die ursprünglich in geringer Zahl in Burma und Thailand heimisch war, ist in den letzten 30 Jahren weltweit immer beliebter geworden.

Die Vorfahren der Hauskatze

Unsere Hauskatze, ein Abkömmling der nordafrikanischen Falbkatze, hat die Instinkte und Verhaltensweisen ihrer wildlebenden Verwandten weitgehend bewahrt. Diese Wildkatzen sind sehr anpassungsfähig, können sich schnell auf neue Situationen einstellen und zeigen wenig Angst vor dem Menschen. Ja, ihr angestammtes Verhalten umfaßt auch die Fähigkeit, in enger Nachbarschaft mit dem Menschen zu leben. Vor Jahrtausenden beschloß die Falbkatze aus freien Stücken, sich domestizieren zu lassen, und bereitwillig gab sie das Leben als einsamer Jäger auf.

Ein geborener Jäger
(Oben) Auch nach der Haustierwerdung behielt die Katze ihre Selbständigkeit bei. Die Norwegische Waldkatze, eine Zuchtform der Falbkatze, kann sich, wenn sie verwildert, als tüchtiger Jäger in freier Wildbahn behaupten. Weil die Vorfahren dieser Tiere Kontakt zum Menschen hatten, besitzen sie ein freundlicheres Naturell als nicht domestizierte nordafrikanische Wildkatzen.

Leben im Umkreis des Menschen
(Rechts) Die Ahnherrin der heutigen Hauskatze, die nordafrikanische Falbkatze, wird von menschlichen Siedlungen angezogen, wo sie Futter in Form von Abfällen finden kann.

Allein überleben
(Oben) Die scheue Europäische Wildkatze oder Waldwildkatze besitzt nicht die genetischen Anlagen für Verhaltensänderungen und kann sich deshalb nicht an das Zusammenleben mit dem Menschen anpassen. Da sie sich nicht zähmen läßt, hat sie nur wenig zur Entstehung der Hauskatze beigetragen.

Längeres Haarkleid

Das kurzhaarige Fell der Falbkatze besteht aus zwei Haartypen: kurzen, feinen Wollhaaren und längeren, dickeren Deckhaaren. Die meisten Langhaarkatzen entwickelten sich infolge einer genetischen Mutation, die das Längenwachstum der Wollhaare ermöglichte. Die langen Wollhaare verfilzen leicht. Die langhaarigen Norwegischen Waldkatzen und Maine-Coon-Katzen haben längere Deckhaare, die nicht verfilzen, und können deshalb auch ohne unsere Hilfe überleben.

Maine-Coon-Katze
(Rechts) Dieser Abkömmling der widerstandsfähigen amerikanischen Farmkatzen hat ein üppiges Haarkleid, das den Unbilden des Klimas trotzt. Dank ihrer Größe kann sie Kaninchen fangen, das am weitesten verbreitee Beutewild.

Die Haustierwerdung

Als sich die nordafrikanische Falbkatze in der Nähe menschlicher Behausungen ansiedelte, verwandelte sie sich allmählich von einem Jäger in freier Wildbahn zu einem »Aasfresser«. In den Dörfern fand sie genügend Nahrung, und sie ergänzte ihren Speisezettel durch die Mäuse und Ratten, die die Getreidevorräte heimsuchten. Einige Katzen, vielleicht die sanftesten und vermutlich solche, die um Futter bettelten, wurden als Spieltiere ins Haus aufgenommen. Damit begannen die Domestikation und die gezielte Zucht. Die Wildkatzen genossen die Vorteile, die ihnen das Zusammenleben mit den Menschen bot, und ließen sich bereitwillig zähmen.

Angstreaktion
(Links) Dieses Wildkätzchen widersetzt sich heftig dem Zugriff, weil es an diesen Körperkontakt nicht gewöhnt ist und noch nicht durch die Gesellschaft des Menschen sozialisiert wurde.

Stille Überlebenskünstler
(Oben) Bis vor kurzem wurden Katzen auf der Halbinsel Singapur verteufelt. Die zugewanderten Katzen entwickelten sich deshalb zu kleinen und schweigsamen Aasfressern und nicht zu aufdringlichen Bettlern.

Erfolgreicher Nutznießer
Im Sudan trifft man heute zuweilen Falbkatzen im Umkreis menschlicher Siedlungen an. Sie zeigen sich wenig ängstlich und haben gelernt, die Abfälle der Menschen zu nutzen.

Die Nasenrezeptoren forschen eifrig nach neuen Gerüchen

Anpassungsvermögen
Es bestehen keine auffälligen körperlichen Unterschiede zwischen Wild- und Hauskatzen, doch letztere besitzen einen längeren Verdauungskanal – eine Anpassung an die abwechslungsreichere Nahrung. Hauskatzen können auch Geschmack an ausgefallenen Dingen finden, wenn wir solche Neigungen fördern.

Beiderseitige Vorteile

Die Hauskatze ist ein »Bettler«, der von Ihnen regelmäßige Mahlzeiten erwartet. Sie braucht nicht mehr erfolgreich zu jagen, um zu überleben. Wir empfinden es als ganz selbstverständlich, daß die Katze in ihren Lebensbedürfnissen von uns abhängig ist. Das Abhängigkeitsverhalten wird durch die Zuchtwahl verfestigt, und mit der Zeit verringern sich die jagdlichen Fähigkeiten, während sich ein übermäßiges Angewiesensein auf den Menschen herausbildet.

Bettelndes Miauen mit geöffnetem Maul

Das Kätzchen lernt durch Beobachtung der Mutter

Wirksames Betteln
Ein Kätzchen lernt früh, Milch von seiner Mutter zu verlangen. Dieses kindliche Verhalten bleibt bei Hauskatzen erhalten: Auch die Mutterkatze bettelt ihren menschlichen Betreuer um Futter an. Durch Nachahmung der Mutter lernt das Kätzchen schnell, wie man seinen Lebensunterhalt sichert.

Herausbildung von Merkmalen

Die Nachfahren der nordafrikanischen Falbkatze wurden in ihrer Heimat um 1000 v. Chr. als Heimtiere beliebt. Seefahrer und Händler entdeckten dann, daß Katzen brauchbare Reisegefährten waren, denn sie räumten unter den lästigen Schiffsratten auf. Sie waren außerdem kostbare Mitbringsel, weil sie in anderen Weltgegenden hohe Preise erzielten. Auf den Handelswegen der Schiffe breiteten sich die Katzen nach und nach in der ganzen Welt aus. Die Fortpflanzung beschränkte sich natürlich auf Tiere derselben Importgruppe, und so blieben die Körper- und Wesensmerkmale der jeweils von den Kaufleuten ausgewählten Katzen weitgehend erhalten.

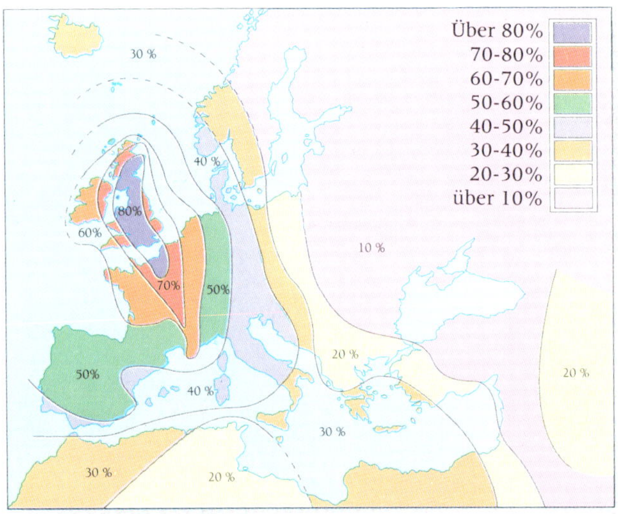

Der Weg der gestromten Katzen
(Oben) Die Stromung, die klassische Tabbyzeichnung, kommt nur bei etwa 20 Prozent der in Nordafrika heimischen Katzen vor. Eine Zunahme dieses Fellmusters ist zu beobachten, wenn man die alten Handelsrouten durch Europa verfolgt. In weiten Teilen Großbritanniens, wo die Handelswege endeten, beträgt der Anteil sogar 80 Prozent.

Gestromte oder getigerte Fellzeichnung
(Rechts) Die Tigerung ist heute selten geworden, obwohl sie die ursprüngliche Zeichnung der nordafrikanischen Hauskatze war. Die meisten getigerten Katzen weisen heutzutage eine gewisse Stromung auf.

Gefleckte Fellzeichnung
(Links) Diese Fleckung ist in Nordafrika selten. Händler fanden Katzen mit ausgefallenen Fellmustern besonders attraktiv und nahmen sie mit an Bord.

Zahme Farben

Die Kaufleute wählten als Reisebegleiter vielfach Katzen mit blauem, schokoladenbraunem und anderem nicht-agutifarbenem Fell aus. (Nicht-Aguti bezeichnet ein Fell, dessen Haare von der Wurzel bis zur Spitze einfarbig sind.) Katzen mit diesen Fellfarben waren möglicherweise weniger menschenscheu und auch weniger aggressiv. Diese Katzen kreuzten sich in ihrer neuen Heimat, und so entstand eine Katzenpopulation mit durchweg sanfterem und zahmerem Wesen.

Einfarbiges Fell
(Oben) Katzen mit einfarbigem Fell waren ursprünglich selten. Durch selektive Zucht sind sie heute häufiger. Das Fell der Tiere zeigt entweder eine reine Farbe oder schimmert in einer Art Wolkung in mehreren Farbtönen.

Im Gefolge der Handelsreisenden
Die Falbkatze besitzt genetische Anlagen, die Nachkommen mit sehr mannigfaltigen Fellfarben hervorbringen können, so zum Beispiel auch dieses blaue Tier mit rötlichem Einschlag. Je länger die Schiffahrtsrouten von Nordafrika aus waren, desto häufiger entstanden ungewöhnliche Färbungen.

Zu viele Zehen

In allen Katzenrassen können Nachkommen mit zusätzlichen Zehen an den Vorderpfoten auftreten. Man bezeichnet dieses merkwürdige Phänomen als Mehrzehigkeit oder Polydaktylie. Im allgemeinen sind davon weniger als 10 Prozent einer Population betroffen. Doch viele der allerersten Katzen, die nach Nordamerika gelangten – und zwar in eine relativ kleine Küstenregion, die sich von Boston in Massachusetts bis Halifax in Neuschottland erstreckt –, trugen den Erbfaktor für Mehrzehigkeit in sich. Da für diese Tiere die Auswahl an Geschlechtspartnern ohne dieses Merkmal begrenzt war, gibt es noch heute in der Katzenpopulation der genannten Region überdurchschnittlich viele Katzen mit zu vielen Zehen.

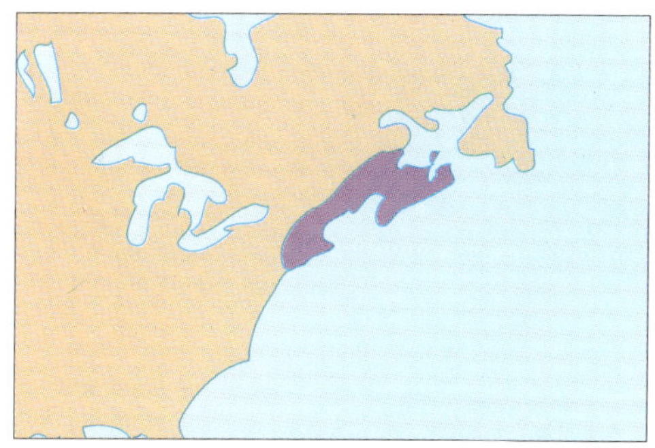

Eine begrenzte Population
Mehrzehigkeit oder Polydaktylie kommt an der Ostküste Nordamerikas häufig vor.

Eine harmlose Mißbildung
Statt der normalen fünf Zehen haben polydaktyle Katzen oft sieben oder mehr Zehen an den Vorderpfoten.

Lebensraumanpassung

Schon vor 3000 Jahren begannen die Katzen die Welt zu erobern. Die ersten wurden von Händlern aus Nordafrika nach Europa und Asien gebracht. Mit den Kaufleuten gelangten Katzen auch über Babylonien und Indien nach China. Um 1000 n. Chr. wurden sie nach Japan eingeführt, und nach weiteren 500 Jahren erreichten sie auch die Neue Welt. Doch nur solche Katzen überdauerten, die den Anforderungen einer neuen Umwelt gewachsen waren.

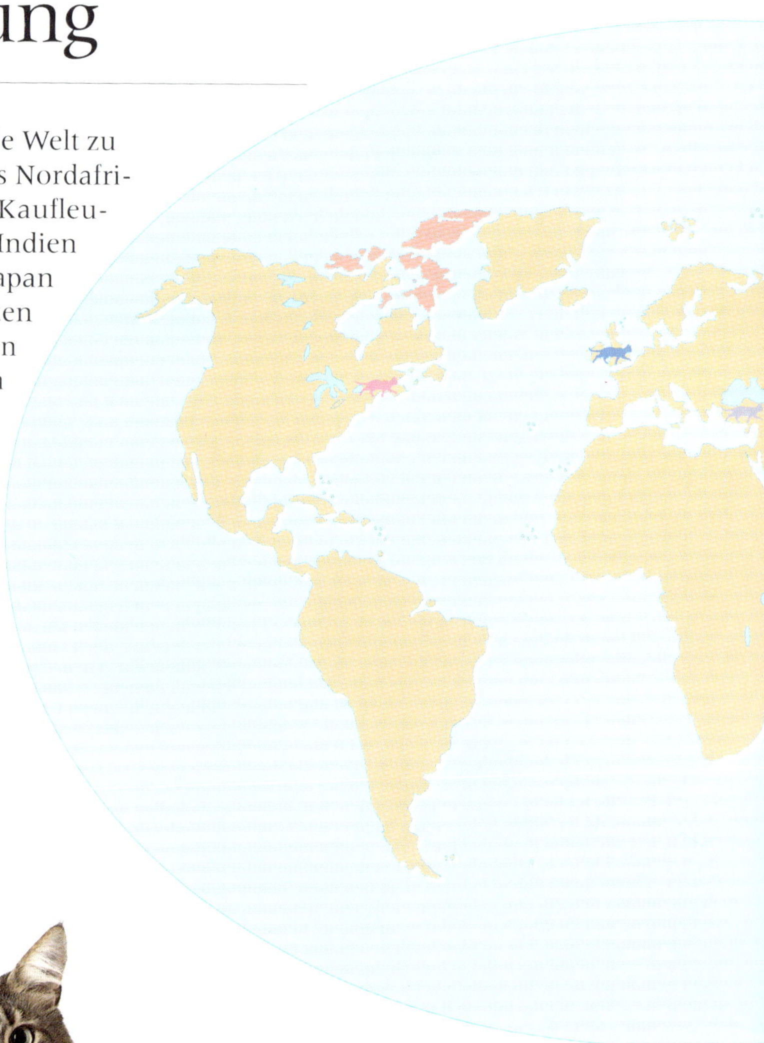

Kleine Anfänge

(Unten) Vor 4000 Jahren bewohnten Hauskatzen nur eine kleine Region im nördlichen Afrika.

Weltweite Ausbreitung

(Rechts) Heute sind Katzen fast über die gesamte Erde verbreitet, ausgenommen die Hocharktis und die Antarktis.

Zähe Überlebenskünstler

(Links) Die stattliche Maine-Coon-Katze ist aus widerstandsfähigen Farmkatzen hervorgegangen, die mit den ersten englischen Siedlern nach Nordamerika gelangten. Die von Kaninchen lebenden Katzen gediehen prächtig. Um die kalten Winter in Neuengland überstehen zu können, erwarben sie ein dichtes, aber unproblematisches Fell.

Überleben der Tüchtigsten

Die ersten Katzen, die in ein neues Gebiet eingeführt wurden, konnten sich natürlich nur mit anderen Neuankömmlingen paaren. Die Kreuzungszucht ließ Populationen mit einem begrenzten Inventar von Erbanlagen entstehen, das zu einem Gesundheitsrisiko für die nachfolgenden Generationen wurde. Nur die Tüchtigsten überlebten, und die ersten Rassen begannen sich zu entwickeln. In Anpassung an die Hitze in Thailand wurde beispielsweise das Haarkleid der dortigen Katzen dünner, während sich die Tiere im gebirgigen Van-Bezirk der Türkei ein dickeres Fell zulegten.

Pflegeleichtes Haarkleid

(Rechts) Kurzes Haar, das leichter zu pflegen ist als langes, ist bei den europäischen Hauskatzen am weitesten verbreitet. Die Britisch-Kurzhaar hat stämmige kurze Beine und einen muskulösen Körper. Sie tritt in einer Vielzahl von Farben und Fellzeichnungen auf.

Puderquastenschwanz

(Rechts) Der kurze, gekrümmte, buschige Schwanz der Japanischen Stummelschwanzkatze, das Ergebnis einer genetischen Panne, hat sich in der geschlossenen fernöstlichen Zuchtpopulation erhalten. Die Rasse ist eine beliebte Familienkatze in Japan, wo sie seit Jahrhunderten fest etabliert ist.

Kühl bleiben

(Links) Mehrere Katzenrassen entstanden auf dem Gebiet des heutigen Thailand, aber die Siamkatze gab den Ton an, da sie sich der besonderen Gunst des Thai-Königshauses erfreute. Die großen, wärmeabstrahlenden Ohren sorgen für Kühlung; im warmen Klima erweist sich auch das feine, kurze Haarkleid als günstig.

Exotische Erscheinung

(Unten) Die Langhaarkatzen haben ihren Ursprung im Nahen Osten. Man nimmt an, daß sich das lange Fell infolge einer genetischen Veränderung bei nur wenigen Tieren entwickelt hat. Diese Katzen überlebten, und in ihrem Zuchtstamm wurde die Langhaarigkeit verewigt. Heute sind Langhaarkatzen auf den Menschen angewiesen, denn sie brauchen seine Hilfe bei der Fellpflege.

Wasserliebende Katze

(Oben) Diese Rasse entstand in einer abgeschiedenen Region am türkischen Van-See. Das halblange, seidige Fell wird im heißen Sommer gewechselt.

Neuling

(Oben) Die Burmakatze ist eine beliebte neue Rasse – das Ergebnis einer Kreuzung zwischen einer braunen Kätzin, die in den dreißiger Jahren aus Burma in die USA gelangte, und einem Siamkater.

Charakterzüge

Bei der Katze besteht sehr wahrscheinlich ein genetischer Zusammenhang zwischen Charakter und Fellfarbe. Indem wir Tieren mit bestimmten Fellfarben und Haarlängen den Vorzug gaben, haben wir Rassen herausgezüchtet, die sich deutlich voneinander unterscheiden. Obgleich wir dabei von der äußeren Erscheinung ausgegangen sind, scheinen sich in den einzelnen Rassen auch unterschiedliche »Persönlichkeiten« entwickelt zu haben. Siamkatzen sind temperamentvoll und lautstark, während Langhaarkatzen als ruhiger gelten. Die Orientalisch Kurzhaar ist extrovertiert, aber unduldsam gegenüber anderen Katzen.

Freundliche Farben
(Oben) Es heißt zwar, nicht gestromte Katzen seien freundlicher als gestromte, aber es gibt keinen gesicherten Beweis für auffällige Verhaltensunterschiede zwischen den beiden Gruppen.

Reizbare Geschöpfe
(Unten) Siam- und Burmakatzen sind leicht erregbar. Siamesen können sich auch gegenüber anderen Katzen im Haus unfreundlich benehmen. Katzen verhalten sich in der Regel nicht destruktiv, aber diese beiden Rassen richten wahrscheinlich einiges Unheil in Ihrer Wohnung an.

Dekorativer Perser
(Oben) Langhaarkatzen wirken zwar sehr verschmust, sind jedoch weniger liebevoll als einige andere Rassen. Mit anderen Katzen im Haus vertragen sie sich allerdings gut.

Weibliche Schüchternheit
Weiße Kätzinnen sind oft scheu, selbst wenn ihr Gehör intakt ist. Die Kombination von weißem Fell und blauen Augen ist gewöhnlich ein Indiz dafür, daß eine erblich bedingte Taubheit vorliegt.

Extrovertiertes Wesen
(Rechts) Die Siamkatze ist ein sehr lautfreudiges, anpassungsfähiges und anschmiegsames Geschöpf, hat aber manchmal die unangenehme Eigenschaft, jeden Artgenossen, der in ihr Revier eindringt, wüst zu attackieren.

Verhaltensunterschiede

Die Frage, wodurch sich die einzelnen Rassen in ihrem Verhalten unterscheiden, ist bislang wissenschaftlich kaum untersucht worden. In einer neueren Erhebung wurden 70 Tiermediziner über ihre Erfahrungen auf dem Gebiet des Katzenverhaltens befragt. Ihre Antworten zeigten eine verblüffende Übereinstimmung mit den empirisch gewonnenen Ansichten, wie sie in populärwissenschaftlichen Darstellungen des Katzenverhaltens wiedergegeben werden.

Anspruchsvolle Persönlichkeit
(Links) Abessinier sind lebhafter, lauter, zerstörerischer und anspruchsvoller als die langhaarigen Perser und die meisten Kurzhaarrassen.

Liebevolles Naturell
Die Tonkanesin, eine Kreuzung zwischen Siam- und Burmakatze, hat ein neugieriges, extrovertiertes Wesen und ist durchweg sehr anschmiegsam.

Analyse des Katzencharakters

Katzenbesitzer erfassen intuitiv, daß jede Katze ein Individuum mit eigenem Charakter ist. Doch es ist schwierig, diese Einzigartigkeit zu definieren. Allen Katzen sind bestimmte Verhaltensweisen gemeinsam, deren unterschiedliche Ausprägung das jeweilige Temperament hervorbringt.
Jedes Individuum wird durch Vererbung, Hormone, Umweltbedingungen und Lernen beeinflußt, das bedeutet, daß manche Rassen mit ziemlicher Sicherheit Eigenschaften aufweisen, die man als »Rassemerkmale« bezeichnen kann. Siamkatzen sind beispielsweise lauter als andere Rassen. Studien an anderen Säugetieren, etwa Füchsen oder Ratten, haben ergeben, daß die »Persönlichkeit« mit der Fellfarbe gekoppelt ist. Bis heute hat man jedoch noch keine großangelegten Untersuchungen durchgeführt, um zu klären, ob Persönlichkeitsmerkmale an die jeweilige Katzenrasse gebunden sind.

Katzenimage

Jeder Mensch hat seine eigene Vorstellung von der Katze. Viele assoziieren Katzentiere mit Wärme, Sinnlichkeit, Sanftheit und mit den Begriffen Mütterlichkeit und Weiblichkeit. Aus der Verwendung von Katzen in der Werbung kann man schließen, daß sich diese Auffassung immer stärker durchsetzt, und das kommt den Tieren zugute, denn offensichtlich wächst die Bereitschaft, sie liebevoll zu betreuen.
Leider halten manche Menschen – fast jeder vierte – Katzen für verschlagen, bösartig und falsch und behandeln sie dementsprechend.

Scheues Wesen
Dieser Schildpattperser hat ein zurückhaltendes und stilleres Wesen als die Durchschnittskatze.

Orientalische Schönheit
Katzen mit langgestrecktem, schlankem Körper sind durchweg anhänglicher und extrovertierter als ihre stabiler gebauten Verwandten. Sie verteidigen auch energischer ihr Heimatrevier und sind meist lautfreudiger und gefühlvoller.

Der Charakter Ihrer Katze

Katzenhalter sind im allgemeinen gute Beobachter. Ihre Aussagen über das Verhalten ihrer Katzen ermöglicht den Wissenschaftlern die Erforschung des Katzencharakters. Mit Hilfe des Fragebogens (unten) können Sie Ihre Katze bewerten. Durch die Beantwortung aller Fragen erfahren Sie, wie anhänglich, temperamentvoll und ausgeglichen sie ist.

Um den Charakter Ihrer Katze zu analysieren, sollten Sie diesen einfachen Fragebogen ausfüllen. Wenn Sie einen Beitrag zu einer weltweiten wissenschaftlichen Studie leisten wollen, senden Sie bitte eine Fotokopie des ausgefüllten Fragebogens an:
Dr. Bruce Fogle, Box DK,
86 York Street,
London W1H IDP, England.

Bewerten Sie das Verhalten Ihrer Katze durch Ankreuzen des betreffenden Kästchens.	Fast immer (1)	Meistens (2)	Mal so, mal so (3)	Selten (4)	Fast nie (5)
MEINE KATZE					
läßt sich anfassen					
ist anschmiegsam					
verlangt Zuwendung					
ist selbstsicher					
akzeptiert Fremde					
MEINE KATZE IST					
reizbar					
lautfreudig					
verspielt					
lebhaft					
zerstörerisch					
unabhängig					
MEINE KATZE IST					
ängstlich vor bekannten Katzen					
feindselig gegen fremde Katzen					
einzelgängerisch					
aggressiv					
verkrampft					

Anhänglichkeit

Ein niedriger Wert (12 oder weniger) bedeutet, daß Ihre Katze sehr anhänglich und in die menschliche Gemeinschaft gut integriert ist. Bei Katzen, die vor der Geschlechtsreife nicht mit Menschen zusammengekommen sind, ist die Sozialisation gering und der Wert wahrscheinlich hoch.

Lebhaftigkeit

Katzen mit niedrigen Werten sind am lebhaftesten und muntersten. Solche Tiere verfügen oft über überschüssige Energie und brauchen eine zweckmäßige Beschäftigung, damit sie nicht destruktiv werden. Ein hoher Wert (über 15) deutet auf einen zurückhaltenden oder trägen Hausgenossen hin.

Ausgeglichenheit

Katzen, die gern mit anderen Katzen zusammen sind, erzielen hohe Werte (über 12) und sind in der Regel in der Gesellschaft von Artgenossen aufgewachsen. Ein niedriger Wert kennzeichnet einen »Katzenhasser«, der entweder zu territorial ist, um eine andere Katze in seinem Revier zu dulden, oder in seinem Verhalten zu festgefahren, um seine Einstellung ändern zu können.

- Wie alt war ihre Katze, als Sie sie erwarben?__________
- Wie alt ist Ihre Katze heute?__________
- Ist Ihre Katze männlich oder weiblich?____ ☐ M ☐ W
- Wurde Ihre Katze kastriert?________ ☐ Ja ☐ Nein
- Hat Ihre Katze freien Auslauf?________ ☐ Ja ☐ Nein
- In welchem Land leben Sie?__________
- Welcher Rasse gehört Ihre Katze an?__________
- Welche Farbe hat Ihre Katze?__________

Weiterführende Literatur

Amberson, Rosanne:
So hält man Katzen.
Rüschlikon
(A. Müller Verlag) 1974

Fiedelmeier, Leni:
Katzen kennen und lieben.
Balve (Engelbert-Verlag) 1980

Gay, Margaret Cooper:
Umgang mit Katzen.
Rüschlikon
(A. Müller Verlag) 1951

Hausser, Gerd:
Alles über Katzen.
München
(BLV Verlagsgesellschaft) 1974

Leyhausen, Paul:
Katzen – eine Verhaltenskunde.
Hamburg
(Parey Verlag) 1982

Loxton, Howard:
Katzenrassen der Welt.
München
(BLV Verlagsgesellschaft) 1976

Manolson, Frank:
K wie Katze. Das Nachschlagebuch für Katzenfreunde.
Rüschlikon
(A. Müller Verlag) 1982

Müller-Girard, Claudia (Hg.):
Lexikon der Rassekatzen.
Leipzig
(Bibliographisches Institut) 1988

Schneider, Walter:
Knaurs Katzenbuch.
München-Zürich
(Droemersche Verlagsanstalt) 1977

Schultz-Roth, Ulla:
Ullstein Katzenbuch. Haltung, Intelligenz und Charakter der Katzenrassen.
Berlin-Frankfurt-Wien
(Ullstein Verlag) 1975

Spangenberg, Rolf:
Katzen. Haltung, Pflege, Rassen.
München
(BLV Verlagsgesellschaft) 1991

Thies, Dagmar:
Der Kosmos Katzenführer.
Stuttgart
(Franckh'sche Verlagshandlung) 1977

Wink, Ursula, und Ketsch, Felix:
Keysers praktisches Katzenbuch.
München
(Keysersche Verlagsbuchhandlung) 1973

Wolff, Rosemarie:
Katzen. Verhalten, Pflege, Rassen.
Stuttgart
(Ulmer Verlag) 1970

Zeitschriften

Unsere Katze.
Illustrierte Zeitschrift für Katzenfreunde

Die Edelkatze.
Zeitschrift des Deutschen Edelkatzenzüchter-Verbandes

Register

S

T

U

V

W

Z

Danksagung

Dank des Autors

Meine Arbeitsstunden verbringe ich fast ausschließlich in meiner Tierklinik, doch wenn ich etwas Zeit zum Schreiben brauche, halten Jenny Berry und Amanda Topp, zwei ungewöhnlich tüchtige Tierarzthelferinnen, die Stellung. Vielen Dank! Das gleiche gilt für meine Familie, vor allem meine Frau Julia, die mich jedes Wochenende aufs Land ziehen läßt, damit ich mich aufs Schreiben konzentrieren kann.
Ich wußte es damals nicht, und wahrscheinlich hat auch er es nicht bemerkt, aber mein Vater hat mit seiner Tiersammlung schon früh mein Interesse für das Verhalten der Tiere geweckt. Während ich diese Zeilen schreibe, ist er ein rüstiger Achtzigjähriger und stolz wie Oskar auf das, was sein jüngster Sohn zustande bringt. Ich hoffe, es wird ihm Spaß machen, dieses Buch seinen Freunden zu zeigen.

Jane Burton bedankt sich

für Unterstützung bei der Beschaffung, Betreuung und Fütterung der Katzen bei Hazel Taylor, Sue Hall, Di Everet, Les Tolley und Janet Tedder; für die Überlassung von Katzen für Aufnahmen bei Carolyn Woods; für die Übernahme von »Statistenrollen« bei Arabella Grinstead und Louisa Hall.

Dorling Kindersley bedankt sich

für Buchgestaltung und Bildlayout bei Cooper Wilson; für Computergrafik bei Salvo Tomasselli; für Unterstützung bei der Lektoratsarbeit bei Corinne Hall, Charyn Jones, Stephanie Jackson, Jackie Douglas und Vicky Davenport; für das Register bei Karin Woodruff; für Mithilfe bei der Gestaltung bei Juliet Crooke; für die Bildbeschaffung bei Diana Morris; für die Bereitstellung von Katzen für die Studioaufnahmen bei Natasha Guttmann, Esther Bruml, Karen Tanner, Carolyn Stephenson, Blackie Merrifield, Jenny Berry, Jane Burton, Heather Creasey, Liz Button, Lynn Medcalf und Margaret Correia; für Studioaufnahmen bei Steve Gorton und Tim Ridley; für die Bereitstellung von Zubehör bei John Palmer Ltd. (Katzenbürste) und Steetley Minerals Ltd. (Katzenkorb).

Fotonachweis

Alle Aufnahmen von *Jane Burton*, außer den folgenden:
Steve Gorton: S. 5 (alle), S. 9 ul, ur, S. 11 ur, S. 15 ol, ul, S. 16 o, S. 45 u, S. 107 ul, S. 111 ul, S. 117 o, u, S. 118 (beide), S. 121 u.
Dave King: S. 95 Mr, S. 110 ur, S. 112 o, S. 120 or, S. 122 o.
Tom Ridley: S. 25 ur, S. 27 ul, S. 40–41 (alle, außer S. 40 ur, S. 41 or) S. 42 ur, S. 46 l, S. 95 ur, S. 107 ur.
Kim Taylor: S. 22 Ml, S. 92/93M.
Animals Unlimited: S. 111 ur, S. 119 uM, ur.
Bruce Coleman Ltd.: S. 24 Ml, S. 25 ol, S. 112 u, S. 113 ol*; Jane Burton* S. 19 ur;
Hans Reinhard S. 119 o, M.
Marc Henrie: S. 114 o.
David Keith Jones: S. 114 ur.
Natural History Photographic Agency: *M. Savonius* S. 90 M.

Abkürzungen: l = links, r = rechts, o = oben, u = unten, M = Mitte.